トンチン・カーン

やってみなはれ やりなはれ できまっせ

続・70代からの男の一人暮らし

文芸社

はじめに

本書は、前著『70代からの男の一人暮らし』の、いわば続編である。娘には、「もういい加減にしたら」と呆れられているが、引き続き高齢男性（一人暮らしとは限らない）に、「やってみなはれ」と呼びかけてみたい。「やってみなはれ」は、サントリーの佐治敬三の言葉として余りにも有名である。私は、この言葉を借用し、更に、「やりなはれ　できまっせ」を付け加えて、高齢男性の合言葉としたい。

一人暮らしになってから、はや5年が過ぎた。日々の食事、献立の腕も自己満足ながら、少々は上がった。それと共に、多少の応用も利くようになり、また、変化も付けたくなった。

高齢男性諸君、「能く動き　良く食べ　佳く眠る」を「やってみなはれ　やりなはれ　できまっせ」。

目次

やってみなはれ　やりなはれ　できまっせ

続・70代からの男の一人暮らし

葱を食べる

私の誕生日は11月なのだが、2017年はその日に当たる土日、更にその前の週、と合気道関係の行事で埋まっていたので、「少々早いけれど」と、娘が誕生日のお祝いをしてくれることになった。その前日、クロネコヤマトの宅急便で牛肉が届いた。すき焼きをしてくれる、ということらしい。直ぐ、冷蔵庫へ。

葱、白滝、麩など揃えて準備OKと待ち構えていると、娘が更に葱などを持参してやってきた。先に届いていた牛肉を取り出してみると、なんとまぁ、霜降りの高級和牛肉。普段食べている牛肉は、生活クラブ生協（以下、生活ク）の北海道チクレン農協連の切り落としか、ランプ・ウチモモのステーキなので（北海道チクレンがこれしか扱っていないということではない。念のため）、これほどの霜降りの牛肉を見るのは、実に久し振り。その見事さは、正に芸術的。食を芸術的なまでに高める日本人の技、職人芸に感嘆することしばし。食べてみると、口の中で溶けていく。噛むという実感さえない。

桜（馬肉）も冷蔵便で届いていた。牛肉がたっぷりあるので、馬刺まで食べることはあるまいと、その日はやめて、後日、一人で2回に分けて食べた（かなり量のあるブロック肉だったので）。これがなんと、又もや見事な霜降り。牛肉の霜降りはよくあるが、馬刺で霜降りは見たことがない。家内の郷では馬刺を食べる習慣があるので、馬刺はよくお目に掛かったことがあるが、こんな見事な霜降りの馬刺は初めて。勿論、牛肉ほどではないが、やはり溶けるようで、歯に抵抗がない。日本人の職人芸は凄いと又々感嘆。

葱は、私が事前に生活クに注文してあったのだが、娘が「お父さんのことだから、『あっ』ということがあるかもしれないし」と（そんなことはないよ）、買ってきたので、牛肉も含めてかなり余ってしまった。お肉の方は、翌日に又、少し空けて又、と3回くらいすき焼きを楽しませて貰ったが、それでも葱がかなり余った。さてどうするか。家には生活クで注文した白菜があって、その一部は昆布、唐辛子を入れて（勿論、塩も）白菜漬にしたのだが、まだ残っている。因みに白菜漬は、直径15センチ、高さ25センチくらいの密閉式のプラスチック容器に入れてぎゅっと蓋で押し込んでおく。発酵が始まると嵩が減ってくるので、両手で持ってくるくると振ると、中身が上下に動いて具合がいい。3日もすると食べ頃になる。私は、発酵が進んで多少酸っぱいくらいが好きだ。

さて、葱と白菜。切ってあるのでかなりの嵩になる。昼間、机に向かいながら、或いは階段を上下しながら考えていた。葱と白菜、どちらもほぼ白く、それほど味があるものではない。かなり時間も経っているので、今日の晩ご飯に使い切ってしまいたい。そうか、やっぱり油で炒めて醤油で味付けか。いや、それだけでは味に不足がありそうだ。

そこで、生活クの刻み紅しょうが（奈良県五條市、有限会社王隠堂農園）と、塩味も欲しい感じがしたので淡路島ちりめん（兵庫県漁連）少々を入れてみることにした。

大きな中華鍋に入れると、葱と白菜が山のようになる。プロがやるように中華鍋を持ち上げることはとてもできないので、ガスコンロにかけたまま、古い丈夫な木のしゃもじと、これ又長く丈夫な菜箸で、上下左右引っくり返し、おっくり返しオリーブオイルで炒める。葱も白菜もかなり炒めないと生っぽい。やっているうちに嵩が減ってきて、よしよし、という感じ。紅ショウガとチリメンジャコ少々に醤油を掛けて炒め、完成。紅ショウガの漬け汁も入れてみたが、これは余計だった。酸味がやや強過ぎた。結局、中華鍋一杯の葱と白菜も、深みのある皿風の鉢一杯に納まり、うむうむ成功と自己満足しながら食べてしまった。

この日は、11月にしては暖かく、風もなかったので、久し振りに昼過ぎから10キロメートル弱走り、入浴。となると……我慢できずにビール、日本酒の原酒（群馬県渋川市、聖酒造株式会社）、そして、牛ランプ・ウチモモステーキ（北海道チクレン農協連)。うーん、幸せ。

高校時代までを過ごした大阪の葱は青い。地上に出ている部分は青く、土中にある数センチ程度の根は白い。食べるのは青い部分である。一方、関東の葱は太さも長さも大阪の葱の倍以上はあり、白い部分が長く、主としてその白い部分を食べる。高校を卒業して東京に出てきた当初は、なんだこの葱はと思ったが、現在はすっかりこの葱に馴染んだ、と言うより、大阪のような葱は見掛けない。分葱《わけぎ》も同様。外観は葱同様だが、葱よりほっそりしていて、丈《たけ》も短い。分葱の酢味噌和え、俗に言う「ぬた」は、高校時代までは実家でもよく食べ、好物であったが、生活クの注文カタログでは見掛けないし、街中のスーパーで見たことはない。但し、当地に引っ越しする前、かの有名な高級スーパー成城石井(文字通り小田急成城学園前駅の店)で見掛けた。ところがその分葱は、葱と見紛うほど大きい。思わず「なんだこれ、分葱? 随分大きいなぁ」と声に出してしまった。偶然(聞こえるように言ったのではない、という意味で）傍に店員がいた。気を悪くしたかもしれない。しかし、それは実感であった。以来、関東域で分葱を見掛けた記憶はない。分葱は葱より小振りであるが、単に小さいだけではない。形態に微妙な違いがある。また、弾力性に差があるように思える。酢味噌和えにすると、葱にはない食感が生まれる。分葱を見掛けなくなって久しいので、もう、葱と見分けられないかもしれない。少々、寂しい感がある。

冷蔵・冷凍技術の発達で、肉類、魚介類は随分広域的に流通するようになったが、葉もの野菜は日持ちがしないし、冷蔵・冷凍にも向かないからだろう、余り広域的には流通してないように思われる。そういう意味では地方色が失われないで、いいことではないかと私は思う。

因みに、埼玉名産の「深谷葱」の栽培現場を見たことがある。逆V字形とでも言おうか、白い部分をなるべく長くしようということであろう、葱はかなり高い畝に植えられている。その葱に、かつてあった「ホッピング」（正確な名前は知らないが、バネ付きの棒に足をのせ、反発力を利用してジャンプする子供の遊具）のような農具で後方に移動しながら、畝に更に土を重ね上げていく。大変な重労働であると共に、広い圃場に見渡す限りの深谷葱で、気が遠くなりそうであった。何気なく食べている葱が、こんな労働によって支えられているのだと思うと徒《あだ》や疎かにはできない。

と、ここまで書いてきてあることに思い当たった。私は葱の類《たぐい》が好きなのだ。先に触れた以外の葱と言えば、らっきょうがある。らっきょうも大好き。自分で漬けるほどの技量はないので（一度、生活クのカタログに生のらっきょうがあったので、注文して漬けてみたが、見事に失敗）、専ら出来ているものを購入。産地も様々、酢、醤油等漬け方も多様。いずれも好きだが、やはり酢漬が一番好きだ。勿論、らっきょうと一緒に酢も胃の中に。福井や鳥取名産の「砂丘らっきょう」（だと思う、福井は違ったか）という名のらっきょうは小粒で透き通るように美しい。まるで宝石のようである。食べる前にじっと眺めるのが、又愉しい。

君がため　春の野に出でて　若菜摘む
わが衣手に　雪は降りつつ（光孝天皇）

それから半年程経った頃、「そうか、最近ちょっと葉もの野菜が不足しているな」と思って近所のスーパーへ行った。日常の食生活に必要なものは生活クでほぼ充足しているので、滅多にスーパーへ行くことはない。野菜売り場をぶらぶらと見ていると、小葱（博多の万能葱のような種類）が目に留まった。顔を近づけてよく見ると、小葱にしては長さも長く、太さもある。更によく見ると、小葱ではなく、なんと、大阪で馴染んでいた青い葱だった！　関東の葱は先の通り白い根元の部分を食べるからだろう、この葱は「葉ねぎ」と表示されていた。大阪人にとって葱は葉を食べるものであるというのが常識だが、関東ではそうではないからだろう。成る程ね、「葉ねぎ」か、となんとなく可笑しさを覚えた。

蕪を食べる

　ある外国人のタレントが日本に来た当初、「日本人は木の根を食べるのかと驚いた」という記事をどこかで読んだ記憶がある。成る程、牛蒡は欧米にはないかもしれない。牛蒡はともかく、日本人は気候風土のせいか、欧米に比べると根菜の類《たぐい》をよく食べるらしい。根菜の中でも私は、大根、蕪は余り好きではない。しかし、大根は大根おろしなどでは悪い感じはしないし、自分ではできないが大根の漬け物は好きだ。それに比べると、蕪はどうも……。

　何故かと言えば、蕪にはこれという「味」がないように感じられるからだ。もっとも、昔の蕪はそうではなかったらしい（野口勲著『タネが危ない』日本経済新聞出版社）。

しかし、なるべく多種多様な野菜を食べた方がいいだろうし、昨年（２０１６年）のように長雨で野菜が高騰し、高騰だけならまだしも、高騰するということは品薄ということだから、生活クの野菜の束もほっそりとしていった、ということになると、蕪に付いてくる葉っぱも貴重である。今年（２０１７年）は昨年とは打って変わって猛暑で、これまた野菜不足。

そこで蕪の葉っぱも貴重な緑として押し頂くことになる。蕪の葉そのものはそれまでも幾度か食べたことはある。最初は家内がやっていたように、細かく刻んで、佃煮のようにしていた。次には、待てよ、細かく刻んで佃煮様にするのは、蕪の葉の苦みを消すためではないか、それなら細かく刻まなくても、と5センチ程度に切って、手近にあった塩昆布（昆布の佃煮）をぱらぱらと振り掛けて中華鍋で炒めてみた。塩昆布の塩と昆布の味でうまくいくのではないかと思ったからである。まぁ、悪くはなかった。

今年の蕪のシーズンは猛暑で野菜不足。生活クの蕪も「プチ」と呼びたいくらい可愛い蕪だった。待てよ、ゴーヤーと同様にやってみればいいかも、と思ってやってみた。ゴーヤーは生活クの配送に来る女性が「チャンプルーにするんですか」と私に聞いたように、ゴーヤーチャンプルーにするのが一般的らしい。しかし我が家では、名称は分からないが、次のような食べ方が通常である。

ゴーヤーを半分に割って中のワタ、種を取る。5ミリ程度の幅に切って茹で、鰹節、砂糖、酢を振り掛けてよく染み込むようにする。

こうして冷蔵庫に入れておけば、結構長持ちする。つまり、作り置きができるので便利である。

この方法をずっとやっていたのだが、この夏、娘が「茹でないで塩揉みすれば」と言った。その代わり薄めに切って、と。成る程、これでやってみるとゴーヤーの緑が鮮やかに残って、ベリー・グッドである。

さて、その伝で蕪をやってみた。どうももう一つ、イマイチである。娘は「美味しかったよ」と、お世辞を言ってはくれたが、そんなことはない。暫くして又、蕪を頼んだので、待てよ、と今度は蜂蜜を垂らしてみた。おお、成功！　娘も今度は「本当に美味しかった」と言ってくれた。但し、一言あった。「お母さんは、蜂蜜とレモンでやってたよ」。がっくり、そうだったのか。

餃子を作る

餃子を作る材料は生活クで購入した。ゴマ油、餃子の皮、ラー油には、それぞれ次のように書かれている。


「伝統の玉締め　ごま油」

白ゴマを強く焙煎せず、伝統的な玉締法で搾りました。

ごま自体の風味や味が感じられるマイルドな味わい。

製　造　者　（有）小野田製油所（東京都新宿区）

原材料名　食用ごま油

原料の白ごまは、まきを使った低温の火で煎ります。また化学薬品を一切使用せず、球状のみかげ石を使用した圧搾玉締法で搾油し和紙袋で濾過するので、やわらかな香りとごま本来の栄養と風味が生きています。

いやいや大変な手間暇が掛かっているんだ。新宿にこんな会社があるなんて。ぜひ機会を見て見学させて貰おう。

「餃子の皮」

国産小麦粉１００％

ＧＭ対策済

販　売　者　共生食品株式会社（神奈川県相模原市）

製　造　所　株式会社キムラ（東京都青梅市）

原材料名　小麦粉（国産）、食塩、小麦たんぱく、

ばれいしょでん粉（（国産）うち粉）

遺伝子組み換え（GM）対策　ばれいしょでん粉のばれいしょは国産です。
「生活クラブ原則」批准生産者の「自主管理監査制度」登録消費材です。

「ごま辛味オイル」
品　　名　香味食用油（ごまラー油）
製 造 者　（有）小野田製油所（東京都新宿区）
原材料名　食用ごま油　唐辛子

娘と息子が家にいた時は、よく餃子を作った。1袋24～25枚の餃子の皮を4袋、つまり100個程も作って、家族4人で食べてしまう。その後、息子も就職、娘も昨年（2016年）2月に帰朝するまで8年近く海外勤務をしていたので、餃子を自作することもなくなっていた。娘は餃子が好きで、私も好きだ。そうだ、冷凍しておいて、娘が「帰るよ」と連絡してくれた時に食べることにすればいいと思って、生活クで久し振りに餃子の皮と豚ひき肉（山形県酒田市、株式会社平田牧場）を注文した。肉類が配送されるとそのまま冷凍庫に入れてしまうのだが、直ぐ使用するつもりで今回は冷蔵庫へ。

餃子を作るため、ひき肉とキャベツ（白菜の方が一般的なようだが、我が家ではキャベツ）、それにニンニク、ショウガも加えた餡を捏ねる。娘は白くなるまで捏ねよ、と言う。しかし、だいぶ冬らしくなってきたこの季節は手が冷たくなるなぁ……そうだ、炊事用のビニール手袋（材質は定かではないが）を着用すればいいと思いつく。手で捏ねると肉の脂肪分で、終わった後、手をしっかり洗わなければならないが、これならそのまま捨てればいい。手にぴったりの手袋でやってみると、なかなか具合がいい。

皮に包む餡は、多すぎても少なすぎても良くない。頃合いの量が味に影響する。

餡の全量と１００枚程の皮のバランスを取る頃合いがあるが、久し振りに作ったせいか勘が鈍って、餃子の皮４袋のうち１袋が残ってしまった。始めの方が少し餡の量が多かったようだ。出来上がった餃子は冷凍してある。いつ食べることになるだろうか。

餃子はアジア太平洋戦争前、中国大陸に渡った日本人が現地で餃子に接し、引き揚げてきた戦後、その人達が作り始め広まったということらしい。但し、中国現地の餃子は茹でるが、日本人が始めたのは焼く、というお馴染みの形態で、これは中国にはないらしい。ということで、中国へ渡った人の数が多い県ほど餃子が盛んで、宇都宮の餃子がよく知られているが、これは栃木県の人が多く中国に渡ったかららしい。福島県も3番目に多かったそうで、福島も餃子をよく食べるとのことである。

50年程も昔、私は福島市の職場に勤務したことがある。職場の同期生で、先に福島にいた人間が、今のＪＲ、当時の国鉄福島駅の、向かって右手、駅からほんの数分のところにある餃子専門の店に連れていってくれた。専門店と言っても、カウンターにやっと4、5人程度が1列に座れるトタン葺きの、言わば掘っ立て小屋であった。正に専門店で、ビールなどの飲み物もなかったと思う。ところがその餃子が旨い、確かに評判になるほど旨い。トイレを借りたら、そこは言わば母屋の一角で、広い農家風の座敷に、お婆ちゃんから子供まで一家総出で餃子を作っていた。今でもその光景が目に浮かぶ。

因みに、当時の福島駅は東側に正面口があっただけで、西側には出入り口はなかった。東側の正面、駅の背後の彼方に吾妻山を望むが、西側に出るには向かって右手の陸橋を渡るか、左手のガード下をくぐるかであった。西側は主に工場街であった。その向こう、吾妻山の麓までは、当時は主として梨、リンゴの畑が広がっていた。桃はまだ缶詰にする加工用だけで、果物として生食する桃の栽培が盛んになるのは、もう少し経ってからである。桃は気候の関係で、山梨、福島、山形と出荷の時期が移っていくのだと言われていたが、今はどうだろう。

梨は、今は色んな種類、名のものがあるが、当時は二十世紀が主であった。福島駅の西側、吾妻山の麓の地区は、吾妻山からの水と土で水はけの良い砂地質になっており、その中でも特に「萱場《かやば》」と呼ばれる地区の梨は旨いので有名であった。萱場梨、今も健在かな。

もやしを炒める

昨年（２０１６年）は、夏から秋にかけて雨が続き、日照不足で野菜が育たず、野菜、殊に葉ものの野菜が高騰した。生活クの野菜も束がやせ細っていったことは前項で触れた通り。そこで消費者はもやしに救いを求めた。１袋１００円もせず栄養豊富という訳だ。私も、それまではもやしは左程使ったことはなかったが、やむなく活用することにした。味噌汁の具にするなど、用途は色々考えられるだろうが、独身時代の昔、街の中華食堂で「レバニラ炒め」に馴染んでいたからか、まず頭に浮かんだのが「炒める」である。もやし同様、ニラもほぼ年中あって、濃い緑が栄養豊富という感じで好ましい。（ほぼ）白いもやしとニラだけでは彩りに欠けるから人参も細く切って（この頃、人参もやせ細っていた）、ゴマ油で炒める。味付けは、醤油、ソース、焼肉のたれ、など色々やってみた。ま、それぞれである。

今年（２０１７年）の年末が押し詰まったある日、ニラともやしでやってみた。彩りには、今回はカラーピーマンを使用した。赤、黄、その中間色、といった感じである。もやしもニラも細長いから、カラーピーマンも合わせて細く切る。

大きな中華鍋をガスコンロに載せたまま、古くなった木のしゃもじと菜箸で、掻き混ぜ、ひっくり返し、おっくり返し。味付けは塩少々と醤油を適宜。油はオリーブオイルを使った。床下収納に家内が買っておいたオリーブオイルが何本もあった上、自分でも生活クに注文してしまったので、これは積極的に使おうと思ったからである。

寒くなってきているので、なるべく冷めないうちに食べられるようにと、炒めるのは最後にした。この日の晩ご飯は、この炒め物（ほぼ半分を晩ご飯に、残り半分は翌朝に）に、サワラの西京味噌漬け、野菜（根菜類。丁度台所にあったもの）の煮物。胡瓜、人参、牛蒡（これは少し厚めのきんぴら風に削いだ）、それに蓮根である。蓮根は1週間程前の配送で届いていたのだが、何にしようかなぁ、などと考えながらそのままになっていたので、丁度いいや、これも、と。牛蒡は金属タワシでこすって皮を剥くということは、もう既に何回か経験済みであったが（但し後述する「カボチャを煮る」の項の通り、この方式は現在は改めた）、そうそう、蓮根もいいかも、とやってみた。蓮根は曲面であるから、金属タワシがぴったりであった。

さて、これらの材料を適宜、ばらばらと大鍋に入れ、煮汁も吸うつもりで水を多めに、と言っても蓮根がかなりの嵩になったので、やっと材料がひたひたと浸る程度ではあったが注ぎ、あ、そうそう、と厚揚げを1センチ程度の幅に切って入れた。野菜類から味が出るだろうと、出汁は加えないで塩だけ少々振った。

石油ストーブの上に載せて、吹きこぼれないよう隙間を空けて蓋をした。上々の仕上がり。十分、味のある汁になっている。そうだ、これを基本に、気分を変えてお椀によそった時に味噌を加えれば、具沢山の味噌汁になる。という訳でこの根菜の煮物は相当量になったので、ほぼ1週間、毎朝の食卓に登場した。

もやしの炒めものの方は、オリーブオイルのせいか、カラーピーマンの甘みか、甘みがあって大満足のいく味であった。もやしやピーマンは少しではあるが水分が出るし、それに醤油とオリーブオイルが加わって、炒め汁（とでも言おうか）も旨かったので吸ってしまった。

ついでながら、カラーピーマンはそういう色のピーマンかと思ったら、元々は緑色のピーマンで、熟すにつれて黄色、赤となっていくらしい。青い唐辛子が赤くなるのと同じか。

もやしについては付け加えておかねばならないことがある。野菜の高騰で消費者がもやしに走ったということは前述の通りであるが、そこにスーパーが目をつけて目玉商品とする、しかも仕入れ値以下もあるという。仕入れ値以下で出血で売るというだけならそのスーパーの勝手かもしれないが、次に想定されるのは、仕入先への仕入値低減要求である。実際そういうことが相当あったらしく、もやし景気でもやし製造業者が潤うどころか、相当数の倒産が出たということである。もやし製造業者は中小・零細業者が多く、業界団体は悲鳴を上げてスーパーに自粛、せめて仕入値以下で売るのはやめてくれと要請したという新聞記事があった。当然である。生活クでは、生産者・製造者に対しては「再生産可能な価格」を保証するという原則があるようである。誠にもっともである。生活クの品物は良質であると共に、市販品より高いということがあるかもしれない。しかしそれは、生産者・製造者と消費者の「お互い様」という関係の当然の帰結であると私は思う。生産者・製造者がいなくては、消費者の生活は成り立たないのだから。

パンの風味、砂糖の風味

「風味」という言葉は実に幅広く奥深い。甘い、辛い、酸っぱい、苦い、といった味に付加されている何物か。甘いのだが、単なる「甘い」ではない味わい。これが「風味」のようだ。外国の料理、食べ物にこういう概念があるのかないのかは知らないが、我々日本人には「風味」が無意識というくらいに染み込んでいる。

例えばパン。市販（生活クで注文する味輝のパンも市販ではあるのだが）のパンを食べている人は、「パンの風味」などと言われると違和感を覚えるかもしれない。私は朝食用に生活クで雑穀パン、カンパーニュなどを主として注文する。時には気分を変えてミニあんぱん、ゆずあんぱんなどを注文することもある。常時同じ商品がある訳ではない。このパンが「旨い」のである。「旨い」と感じるのが「風味」の所為《せい》らしい。何故なら、味輝のパンは、無添加、国産小麦100パーセント、自家製天然酵母で、化学調味料的なものは入っていない。塩は入っている。なお、パンの種類によっては、砂糖、マーガリンなどの入ったものもある。

2017年12月の注文書の中に、生活ク埼玉のA4サイズ1枚のチラシがあって、そこに「美味しさと優しさ」と題して味輝（埼玉県本庄市、株式会社味輝）の荒木和樹さんが登場していた。少々長くなるが、そこには次のような記載があった。

◆パンは発酵食品

発酵食品は、微生物がたんぱく質やデンプンを分解して有機物を作るところに良さがあると思っています。

1番目の発酵：お米を分解する麹の力を借りて、とても甘いものにお米を変えています。

2番目の発酵：このお米がお粥状になっているところに自然と乳酸菌が降りつ

きます。その時から乳酸発酵になります。

3番目の発酵：酵母を足すことはありません。酵母が自然と降りつきます。その奇跡的な発酵が味輝酵母です。

4番目の発酵：小麦粉のデンプンを味輝酵母が分解して育っていきます。

5番目の発酵：味輝酵母が最大級の呼吸をすることで、パンとして膨らんでいきます。

通常の酵母は1種類の穀物を分解していきますが、味輝酵母は2つのデンプンを食べて育つ、この世で二つとない酵母です。

この酵母が人の代わりに小麦粉を分解し、有機物に変えていきます。これが人に優しい味として受け入れられます。それは消化しやすいということでもあります。

トーストすると旨みがよみがえる

この味輝酵母が作る味は、無添加の挑戦の始まりをも意味します。無添加で作られる「旨味」は、小麦粉本来の甘さというか、何というか……。この「旨味」は無添加だと、酸味やらエグ味やらに変異していきます。酸味などが出る場合は、パンが深化しているときであり、それを生で食べたときに穀物の味に出会えるのです。

酸味などを感じたその時にトーストすると、摩訶不思議。旨味が蘇ってきます。パンの焼きたての味が復活する。

こんな奇跡とおつきあい頂ける組合員の皆様に丹精込めて、洗米し、麹を作り……約1カ月かけて食パン作りをしていきます。

（2017年12月当時の情報）

私は、パンが届いた翌朝は焼かずにそのまま食べる。正に荒木さんの言葉の通り、微かに酸味のある「風味」を感じる。

このチラシが入ったのは12月で、配送は年末の予定である。販売していたのは全粒食パン3斤（1350g、税込864円）で、「年1回のみ」とあったので、ついつられて注文した。3斤はやはり「おぉ」というくらい大きかった。年末から正月に掛けては息子、娘も帰ってきたりで、元旦からパンを食べる訳ではないから、配送された日と彼らが引き揚げた後、毎朝かなり厚めに切って賞味した。冬であったから暖房のない部屋に置いておいた。10日以上は経ったと思うがカビの気配もなかった。一人で3斤食べてしまった。

はて、何の話だっけ？　そうそう、風味。砂糖にも甘さだけではなく風味があると言いたかったのだ。

その砂糖。1月（2018年）の生活クの注文書やカタログなどと一緒に「素精糖の自主監査に　行ってきました！」というチラシが入っていた。生活クの基本的な哲学は「生活クラブ原則」に集約されている（と思う）。勿論、公開されているからインターネットで検索していただけばよい。この原則は、第10原則まであるが、最後に付則がある。次のようである。

この原則は、生活クラブグループの各団体及び提携生産者が、成果を評価しうる基準を伴った行動規範を確立するもので、各団体は原則を批准し、署名します。署名した団体は、自主的に生活クラブ諸基準と連動した基準を制定し、原則に則り事業活動を展開します。

（2018年1月当時。同年6月に改定されている）

つまり生活クに食材を供給している企業、団体（勿論、あれば個人も）は生活クの原則を護る、という約束をしていて、それが護られているかどうかを、消費者である組合員が確認に行く（監査する）というのが自主監査である（これは私の解釈である）。今回入っていたチラシはその自主監査報告で、2017年に監査に行ったのは生活ク埼玉の、ある地区の組合員である。埼玉からはるばる沖縄まで行ったのだ！

「素精糖の自主監査に　行ってきました！」は次のように始まっている。

２０１７年11月15日（水）に沖縄県糸満市にある「青い海」にて、支部運営委員５名と職員１名で素精糖の自主監査を行いました。

（中略）

事前の学習会（〇〇支部にて2回開催）中で、疑問に思い特に確認したいと思ったところは以下の3点でした。

と次の3点が挙げられていて、それぞれに確認した状況が記されている。

①せっけんの使用状況
②防虫、防鼠対策について
③異物混入対策について

ところで、そもそも素精糖とは何か。
「素精糖は生活クラブオリジナルの消費材!!」という見出しの下に、次の記述がある。

市販の砂糖の原料はほとんどが輸入ですが、生活クラブの素精糖は沖縄で栽培されたさとうきびを原料としています。消費材の砂糖を探していた生活クラブは、1982年「青い海」から波照間島の黒砂糖を紹介されたが白砂糖の代わりにならなかった。それから生活クラブは調査を続け「青い海」との研究の末、粗糖の特徴を残したまま家庭でも扱いやすい砂糖とする製法を開発した。

それまでどこにもなかった「より自然に近い砂糖」の誕生です。砂糖の「素（もと）」を「精製する」ことから「素精糖」と名付け１９８７年に共同購入が始まりました。

更に、自主監査に行ったメンバーの感想も記されている。

私達は今回自主監査をすることによって、素精糖が原料（サトウキビ）そのままの栄養と風味を残しつつもほとんどの料理に使える優れたものであることを実感しました。生産者と消費者の顔の見える関係を大切にしたいという思いに共感する（株）青い海の「素精糖」をもっともっとお料理やケーキ作りに利用しましょう。買う事は作り続ける生産者への大きなメッセージです。国産のサトウキビ作りを守るためにぜひ注文書での購入を!!

その通り。「買う事は作り続ける生産者への大きなメッセージ」です。
「砂糖の分類」という表もある。そうか、一口に砂糖と言っても、そう単純ではないのだな、と興味深いがその表は割愛して、最後の記述だけを引用しておこう。

三温糖と素精糖は色が似ていますが、全くの別物です。白砂糖に精製するため、その過程でミネラルはなくなってしまいます。国産サトウキビ１００％の素精糖は一般にはない砂糖です。

「しがむ」という言葉が分かる人、その語感を理解できる人はもうほとんどいないかもしれない。砂糖は「サトウキビ」とあるように「きび」即ち竹のような形状の植物から生まれる。節と節の間の部分を切り、竹のような皮を剥《は》ぐと包帯のような肌が現れる。これを噛むと、じゅっと甘い汁が口中に広がる。これが「しがむ」という言葉で表される行為である。

アジア太平洋戦争の敗戦前に大阪で生まれた私は、2歳になる前に、父親の出身地である四国・徳島の吉野川上流の村に疎開した。敗戦時は2歳になる少し前であった。戦後も食糧難なのは当然だったが、農村であったから、少しは土地も借りることができたのだろう。僅かだろうが砂糖きびも栽培していた記憶がある。恐らくそのきびは換金されたのだと思うが、きびを「しがん」で貴重な甘さを体験した記憶がある。

ついでに、「しなごい」も最早、死語だろう。例えば煎餅は、関東では米が原料の、草加煎餅のような煎餅である。関西では大阪の文楽煎餅のように、小麦が原料のいわゆる瓦煎餅である。この瓦煎餅が湿気って、ぐにゅっとなり容易に噛み切れないような状態を表す言葉が「しなごい」である（煎餅は容易に噛み切れないほどではないが、適当な例が思い浮かばないので）。

大阪平野は琵琶湖から流れ出る淀川が形作った扇状地、沖積平野である。太古には、生駒山脈と上町《うえまち》台地と呼ばれる、天王寺辺りから張り出した台地が半島のようになっていて、湾のようにもなっていたらしい。つまり現在の大阪平野は、主に砂の土質なので水を溜めておくという米作り、水田には向かない。そこで小麦の文化が発達した。たこ焼き、お好み焼き、うどんなど小麦粉の文化である。

小・中学校の校門前には大体、文房具などを扱う店がある。私が通った大阪湾の芦原に近い場末の小学校でもそうであった。そこにたこ焼きも売っていて、児童にやらせてくれるのである。1個1円だった（1955年、昭和30年頃）。勿論、貧乏人の子である。文房具を買ったりした時におまけでくれる券、今風に言えばポイントを貯めて1円になれば、たこ焼き1個を買う！　自分で1個を焼ける！　楽しい!!　これを書いているうちに唾が出てきた。

難波潟　みじかき芦の　ふしの間も
逢はでこの世を　過ぐしてよとや（伊勢）

生活クラブ原則は、１９９７年に定められてから二十年余経過したことから、新たに「生活クラブの消費材10原則」として、２０１８年６月の総会で改定が決定された。その内容はホームページで見ていただけばよいが、原則の「見出し」だけを挙げれば次の通りである。

1　安全性を追求します
2　遺伝子操作された原材料は受け入れません
3　国内の自給力を高めます
4　公正で責任ある原材料の調達をめざします
5　素材本来の味を大切にします
6　有害化学物質を削減します
7　3Rを推進し、さらなる資源循環をすすめます

8　温室効果ガスの排出削減をすすめます
9　積極的に情報を開示します
10　独自基準を定め、自主的な管理をすすめます

7の「3R」とは、廃棄物を削減（リデュース）、瓶などを繰り返し使う（リユース、リサイクル）ことである。

更に、消費材10原則に基づいて、消費材をつくる際に守るべき規格と、未来のあるべき姿に消費材を導くためのガイドラインで構成されている自主基準が、農業、漁業、畜産、加工食品、生活用品、更には、容器包装、放射能の7つの分野に亘って制定されている。

そうめんかぼちゃ？

2018年9月頃の生活クの注文カタログに「そうめんかぼちゃ」というのがあった。カボチャは常食と言っていいくらいよく食べるが（詳細は後述の「カボチャを煮る」の項に記載）、「そうめんかぼちゃ」というのは、聞いたこともない。なにやら面白そうと注文した。やってきた「そうめんかぼちゃ」は楕円形で、少し大きめの瓜、或いは小さめの冬瓜のようである。色は瓜のように黄色みがかった白、という感じ。私は勿論、ほとんどの人は見たこともないだろうと思うが（娘は聞いたことはあると言っていた）。注文カタログに「レシピ付き」とあった通り、次のような小さな紙片が入っていた。

そうめんかぼちゃ　ハイロン村（群馬県産）
茹でると、繊維がそうめんのようにほぐれます。シャキシャキとした歯応えが何ともいえない美味しさです。食欲がないときなど、さっぱりしておすすめです。

食べ方
①皮を残したまま４等分に輪切りし、種とワタの部分を取ります。
②沸騰したお湯で、箸が通るくらいまで茹でます。
③湯切りして冷水で冷やし、そうめん状の実を手でほぐしながら皮を取り除きます。
④水気を切ったそうめん状の実に、わさびしょう油やポン酢、ドレッシングなどお好みの味付けをしてお召し上がり下さい！

「茹でると、繊維がそうめんのようにほぐれます」えっ、ほんまかいな。「そうめんのようにほぐれる」ってどうゆうこっちゃ。いやぁ、ま、やってみよか。

何しろ初見参であるから、いくら「ええかげん」な私でも、ここはレシピ通り慎重に運ぶ。外見が瓜のようなので、菜切り包丁で切ろうとしたが、歯が立たない。やはりカボチャである。カボチャを切る時のように出刃包丁で切る。

出来上がってガラスの器に盛ってみると、実に美しい。レモン色と言えばいいだろうか、萌黄色と言うか、薄黄みがかった端正な色合いである。野菜は数あるが、こんなに美しい色合いはそうはない。

生活クでは、昨年(だったかな)、野菜に「あっぱれ育ち」「はればれ育ち」「たぐいまれ」の3種のマークが付くことになった。前2者は化学合成農薬・肥料を使用しないか、極力減らして栽培するという問題で、「たぐいまれ」は伝統的な野菜など最早、絶滅危惧種的な野菜、正に「類い稀」の野菜である。こういう伝統的な野菜、地方色のある野菜は、「京野菜」のように、ある種のブームのようであるが、かつて（1960年代以降の日本の高度経済成長時代以前）は、それぞれの地方に伝統的、或いは地方の特色ある野菜が存在していた、ということである。私は正にその時代に成人したのであるから、本来ならそういう事態に気が付いてもよさそうなものだが、そう指摘されるまで、全く無知・無関心であった。

そのことを指摘しているのが、『タネが危ない』（日本経済新聞出版社）の著者、野口勲である。

話は前後してしまうが、関係した叙述の部分をいくつか抜き出してみる。なお、野口勲は野口種苗研究所という種苗店を営む、自称「タネ屋」である。

タネ屋にとって一番大きかったのは、東京オリンピックを契機に、日本中の農家の次男、三男坊が東京などの大都市に集められたことだ。都市が吸収した人材は、道路やオリンピック会場を作る労働力になり、色々な会社に雇われていく。それを契機に高度経済成長が始まる。

日本の農家には長男とおじいさん、おばあさんばかりが残るようになる。長男とおじいさんおばあさんで、都会に行ってふくれ上がった次男坊、三男坊の家族全員を食わせるにはどうしたらいいか。そこで農地を集約し、機械化すればいいということになった。

それまで自分の家の周りにあった畑で、色々なものを作っていたお百姓さんが、地域の農地を全部まとめて広大な畑を作り、機械を入れ、一年中キャベツや玉ねぎばかりをつくる「モノカルチャー（単一作物生産）農業」に変わった。

百姓は百の農作物をつくるから百姓と呼ばれたはずだったが、単一作物を作る農業に変わっていってしまう。

固定種のタネが種苗店の店頭から姿を消し、三十〜四十年経った。スーパーや八百屋さんの店先に並ぶ野菜はほとんどＦ１に占められ、家庭菜園用のタネの小袋もＦ１ばかり並ぶようになった。

Ｆ１は均一で揃いが良いから、指定産地の共選（共同で選別すること）で秀品率が高く、歩留まりがいい。したがって共選を進める産地ＪＡでは、常に最新のＦ１品種の研究が欠かせない。当然種苗メーカーも、産地の指定品種に選ばれるため切磋琢磨している。


一方、農業人口の高齢化と後継者不足、流通の進歩によって、外国からの輸入野菜が市場に氾濫するようになった。Ｆ１化し、規格が単純化した日本市場は、近隣諸国にとって格好のターゲットになったからだ。輸入野菜に使われているタネは、どれも日本の種苗メーカーが日本の大手市場向けに育成し、輸出したＦ１種子である。これも当然と言えば当然過ぎる帰結だ。

スーパーの店先に並ぶ野菜は、国産と銘打っているものが圧倒的に多い。では年々、輸入量が増加しているという外国野菜はどこで消費されているのか？

当然、業務用、外食産業である。外食産業は成長する輸入野菜市場の最大の顧客となっている。外国産地も国内産地も今や、外食産業のニーズに合わせた品種選定が必須条件になっている。

種苗メーカーや産地指導にあたる農業センターの人によると、外食産業の要求は、「味付けは我々がやるから、味のない野菜を作ってくれ。また、ゴミが出ず、菌体量の少ない野菜を供給してくれ」ということだそうだ。こうして世の中に流通する野菜は、どんどん味気がなくなり、機械調理に適した外観ばかり整った食材に変化していく。

こんな状況の中で、数少ない本物指向の消費者や昔のおいしかった野菜の味が忘れられない高齢者の支持を集めている、こうした伝統野菜は消滅した地方市場に代わって、「道の駅」などの直売所で扱われている。

筆者注（但し、内容は野口勲著『タネが危ない』による）

●F1：昔、高校の生物で習った雑種の一代目、一代雑種である。例えば、日本人とロシア人の間に子どもが生まれると、私のように背も鼻も低いという典型的な日本人から、スラリと長身で色白、鼻筋の通った「よし、タレントにしよう」と思うような子どもが生まれたりする。両親の「いいとこどり」である。これを雑種強勢と言う。その子どもの子ども、つまり私から言えば3代目は、そうはいかずばらつきが出る。以上のようなことは、メンデルの法則として習った。

ということは、市場（一般）向けに野菜を生産する農家は、毎年、種を買わなければならないことになる。なお、一代雑種の種は、種苗業界では「一代交配種」と呼ばれている。

●固定種：一代交配種（一代雑種）の種に対して、例えば、葱を栽培して、そのうちの一番出来の良さそうな葱を収穫せずにそのまま生長させ種を実らせる。いわゆる葱坊主である。翌年その種を蒔いて葱を栽培し、同様にする。こういうことを数年続けると、良い葱の種として安定する。これが固定種であり、雑種ではない純系種である。この方法ならば、農家は毎年、種を買う必要はない。但し、栽培した葱は、生育の時期、大きさなどにばらつきが出る。それで、市場（一般）向けに野菜を生産する農家などには不向きである。そこで、一斉に種を蒔き、生育にばらつきがなく（これは市場の要求である）、収穫・出荷がまとめてできる一代交配種の種を選ぶ。『タネが危ない』の野口勲は、固定種の種を、家庭菜園、道の駅などに少量出荷する人に勧めている。

●指定産地：１９６６（昭和41）年に制定された野菜生産出荷安定法による制度。野菜の価格が暴落したような場合、本法により指定された産地の生産者などに給付金が支給される。

そうめんかぼちゃ？

●菌体量：字の通り「菌」に関係しているようであるが、不明。

そうそう、忘れるところだった。そうめんかぼちゃのレシピにあった「ハイロン村」って何だ？　平成の大合併で新たに誕生した自治体で、カタカナ文字の名にしようとしたところ、住民の反対で実現しなかった（と思う）ところがどこかにあったような記憶があるが、「ハイロン村」はまさか（何が「まさか」なのか分からないが）そんなことはあるまいと思って、インターネットで検索してみた。

すると、群馬県吾妻郡長野原町北軽井沢所在のハイロン観光果樹園だということが分かった。ホームページによれば、旧満州の海倫《はいろん》からの引揚者の開拓村で、「ハイロン村」と呼ばれているということだった。

因みに「開拓」（ここではアジア太平洋戦争の敗戦後の開拓の意味）とは何か。アジア太平洋戦争敗戦前、満州など中国大陸、朝鮮、台湾をはじめ、日本の海外進出（侵略）に伴って海外（アジア各地）に出掛けていた人々（勿論、軍隊も）は、敗戦の結果、日本列島に引き揚げてくることになる。そのため、日本列島の人口は急増し、空前の食糧難、失業を生み出し、その対策として、農業などが行われていなかった山間の僻地に農地を作り（正に開拓）、農業（広い意味。畜産なども勿論含む）を営むこととなった（入植と言う）。現在、名のある野菜、果物、酪農などの産地となっているところも多い。反面、農地にならずに残されていたようなところであるから、艱難辛苦は筆舌に尽くし難く、悲惨な状況を余儀なくされた人々も少なくない。

山里は　冬ぞさびしさ　まさりける
人目も草も　かれぬと思へば（源宗于朝臣）

イワシを煮る

暫く前、「北海道のニシン」というのが生活クの注文カタログにあったので、つい懐かしくなって買ってしまった。冷凍で来たのだが、生である。解凍して焼いて食べようとしたが、身が柔らかく、細い骨も一杯あって、上手く焼けず失敗した。考えてみれば、想定した姿は、干したニシンを焼いたものであって、生ではそうはいかない。以来、石川県漁協の船凍スルメイカ（前著『70代からの男の一人暮らし』に記載）くらいしか生の魚類は買わないことにしていた。はず、なのに、何を間違ったのか、或いはカタログを見た時に、以前のニシン同様、希望的観測をしたのか、12月（2018年）の初めにマイワシ5尾が届いた。確か、千葉県漁連で「銚子沖で揚がったマイワシ」と透明な袋に書いてあった。頭の先から尻尾の端まで25センチ程度でそう大きなものではないが、あれ、こんなもの注文したっけ（というようなことが時にある）と思ったが、来たものは仕方がない。ま、取り敢えず冷凍庫へ。1週間程して、そのままにしておくわけにもいかないし、と、これまた昔のイメージで、よし「つみれ」というのだろうか、骨ごと細かく叩く方式、それをやってみようと思った。完全に解凍してしまうと身が柔らかくなりすぎて却ってやり難いのではないかと、半解凍くらいで、まな板に置き、出刃包丁を取り出した。頭は一緒にという訳には行くまいし、尾、胸、背のヒレも一緒には向かないなと思って、頭を落とし、ヒレを取って、鱗は左程ないけれど、サッサッ（というほど鮮やかではないが）と包丁を動かす。すると、一部皮も一緒に剥ける。そこで皮も手と包丁で必死に剥き、出刃包丁でギリギリと押し切る。縦横と方向を変え、イワシの身を集めては押し切る、ということを繰り返し、ここまで行けば、骨も大丈夫だろうというところまで、悪戦苦闘した。5尾全部やるつもりだったが、最初の2尾でこれはとても、と断念。残り3尾は煮ることにして始末を付けた。

内径25センチ程度の浅いフライパンに3尾を入れてみたが、少し窮屈で、頭の先と尻尾の一部がはみ出る。そこで、頭と尾を落とし、身だけで煮ることにした。生の魚は「魚臭い」とでも言うような臭みがあるよな、と思って生活クの刻み紅しょうが（「葱を食べる」の項参照）を適当に入れ、まず煮た。煮えたなと思う頃、そうだ、ちょっと味に不足があるかもしれないなと、国産十割こうじみそ（長野市、株式会社マルモ青木味噌醤油醸造場）をこれまた適宜溶き入れて煮た。翌朝、もう一度煮て、晩ご飯に食べる前にもう一度、都合、2日に亘って3回煮た。まぁ、食べられなければ、缶詰で間に合わせればいいやと思って晩ご飯に臨んだ。ところが、なんと！　旨い!!　え、嘘っというくらい旨い。全く期待しなかったのに、この旨さ。これは私の腕によるものではなく（言うまでもないが）、イワシの鮮度の成せるものであろうと理解した。千葉県漁連、漁協、漁師の皆さん有り難う。

そうそう、イワシのつみれの方は、ボウルに入れ、イワシの身だけでは固まりにならないから、つなぎ（もっともらしい用語を使用）に小麦粉（私の言葉ではメリケン粉）を振り掛けて、木のスプーンで捏ねた。少々柔らかいので、熱湯が滾《たぎ》っているところへ直径5センチくらい（かなり大きいが）の量で煮た。成功。形は美しくはないが、丸いような形状になった。これにやはり国産十割こうじみそで味噌汁にした。これまた上々の味だった。

ついでに、今時「メリケン粉」などと言う人はまずいないだろう。「メリケン粉」などと言えば、「それは何ですか」と言われそうだ。私が物心ついて以来小麦粉はずっと、「メリケン粉」だった。「アメリケン」（アメリカン）が語源らしい。そう言えば、神戸港に「メリケン波止場」というのがあったはずだが。

♪　メリケンはとばぁーにぃー　♬

というような歌があったよなぁ。

ピアノを弾く

　私の小学生の時代（１９５０〜１９５５年頃、昭和で言えば25〜30年頃）は、アジア太平洋戦争の敗戦から10年経った１９５５（昭和30）年が「もはや戦後ではない」と言われたような時代である。我が家が世間に比べて貧しかったとはいえ、白米１００パーセントのご飯を食べられるようになったのが、丁度その頃、小学5、6年生の頃である。おまけに自分が住んでいたのは大阪湾の芦原の中、小学校も場末の小学校である。そんな学校には音楽や楽器に縁はない。学校で音楽の時間はあったが、先生がオルガンを弾いて、自分達児童はそれに合わせて歌を歌うという程度である。勿論、それ以外に黒板を使って、ドレミ、といった音階を教える授業等もあった。元来、勉強はほとんどしたことがない自分の責任ではあるが、楽譜などはさっぱり分からない、読めない。中学、高校でも音楽の授業があったが、なんとなくごまかして歌うだけである。高校では「リズム読み」というのを先生が教えて、クラス全員（高校では選択科目になっていて音楽と美術に分かれるので、いつものクラスとは違う）で読む。中に素晴らしいバスの生徒がいて、ド、レ、ミとかがよく聴こえる。私はひと呼吸置いてなんとなく付いていってごまかす。さっぱり（ドレミくらいは分かるが）分からない。幸いなことに高校も、大学も入試には音楽はなかったから事なきを得た。

そんな私であるから、大人になってみると楽器の一つもできると楽しいだろうなぁ、と思いつつ、レコード、CD、或いはラジオで聴く程度である。そうそう、NHKテレビでも、3チャンネル（今は「Eテレ」と言うらしい）で土曜日か日曜日の夜によく観た、何と言う名前の番組だったか定かではないが、作曲家の池辺晋一郎と女優の壇ふみが出ていた。池辺晋一郎の音楽についての博識（言うまでもないのだが）と壇ふみの上品さが何とも言えず、いつも楽しみに観ていた。池辺晋一郎が時々飛ばすダジャレも楽しかった。ところが、如何なる事情によるものか、壇ふみが降板してしまった。あの時の壇ふみの表情が忘れられない。自分の意志ではない、不本意であると、顔に出ていた（これは私の独断的解釈）。以来、観なくなった。

話は変わるが、テレビは午後7時から1時間、BSで「鬼平犯科帳」（中村吉右衛門の場合）「御家人斬九郎」「剣客商売」を観る。それもない時は、「YOUは何しに日本へ？」とかを観る。そして8時過ぎには寝てしまう。ところが、土日はそういった番組はない。土日は合気道の稽古があるので、土曜日の夜はお酒厳禁。よし、明日、稽古が終わったら飲むぞ、などと、土曜の朝、更には金曜の夜から、日曜夜のお酒、献立を考えて唾を呑み込んでいる始末。つまり飲むために稽古しているようなもの。

土曜日はホントに何も（これという番組は）ないよな、と思って、でもと、NHK・FMをスイッチ・オンした。午後7時台は大体クラシック音楽の番組をやっていたからである。ＢＳテレビの他愛ない時代劇を観て寝るというスタイルになってからは、その時間帯のＦＭにはすっかりご無沙汰していた。久し振りだなぁ、と思いながら耳を傾けていると、この声、この声、そうだ池辺晋一郎！　もう10年以上昔になるから、多少は年齢のせいか、或いは私の気のせいか、声は少しお歳を召したようだが、紛れもなく池辺晋一郎！　嬉しかった！　ところで、お相手の女性はアナウンサーか、と思っていると、池辺晋一郎が「だんさんは……」と言った。な、なんと、壇ふみではないか!!　コンビが復活したのだ！　ほんと、嬉しかった。

それはさておき、そんなこんなで、自分自身は楽器には全く無縁であった。それで、子供は何か一つ楽器ができると人生豊かになるなぁ、と漠然と思っていた。中国地方の都市に勤務していた頃、長男が2、3歳だっただろうか、近所の多くはない遊び友達が幼稚園に行く年頃になった。すると長男が「僕の行くところがない」とか何とか家内に言ったとかで、丁度、隣の隣のそのまた隣のお宅にピアノを教えていたお嬢さんがいたので、お願いして通わせた。勿論、ピアノなど弾くわけではない。10個くらいの鍵盤（?）が付いた本体から伸びるホースのようなものに息を吹き込むと音が出る、何と言う名か、ま、おもちゃのようなものを弾くのである。続いて娘も同様に通うようになった。

暫くすると、そのお嬢さんが結婚してアメリカへ行くことになった。すると、反対の方角で、これまた何軒か向こうにピアノを教える人がいて、そちらに通うことになった。その後、東京に来て都下の職員住宅に住むことになったが、ここでもほんの数分のところにピアノの先生がいた。更に30年程前に転居した現在地でも、50メートル程先にピアノの先生がいた。というように、お金には恵まれない我が家ではあったが、ピアノの先生には恵まれた。どこへ行っても至近距離にピアノの先生がいたのである。

というような訳で、息子、娘共、中学生までピアノを弾いていた。息子が中学3年生の秋の発表会など、元々男子でピアノを習っている子は少ない上に、中学3年生となると稀少ということになる。息子が弾き出すと会場が正に、「水を打ったように」静まり返った。今思い出してもなにやら可笑しい。

ピアノ教師には恵まれたのだが、二人共高校生ともなると、勢いピアノからは離れ、時折弾く程度となっていた。社会人になれば最早、無理。息子も家を離れてアパート住まい、娘は海外勤務となってすっかりピアノは飾りものになっていた。それでも年1回は調律をお願いしていた。家内が死去してからも調律だけはしていたのだが、日々ピアノを眺めているうち、ただ飾っておくのも勿体ないなぁ、と思うようになった。で、一丁やってみるか、と思ったのである。なにしろ管楽器や弦楽器とは違って、ピアノは鍵盤を叩けば音が出る。

子供が練習していた「バイエル」という教則本があった。どうやらこれに従っていけばいいらしい。とは言っても、どうすればいいか分からない。もう3年程経って忘れてしまったのだが、年末年始に息子が帰省してきた時に、ピアノの鍵盤の、ここが「ド」というようなことを教えて貰って始めたような気がする。一応、最初から両手（確か高い方がト音記号、低い方がヘ音記号と言ったと思う）である。1回30分程度、週に2、3回である。それでも1年も続けると、なんとなく曲のような感じになる。もっとも、弾くのは自分の知っている曲だけである。未知の曲は、弾いてみても果たしてそれでいいのかどうか分からないから避ける。

こんなことを3年程続けていると、「らしい」感じになってきた（自己満足だが）。やってみて感じたことがある。黒板でこれが「ド」などと教えられてもピンとこない。興味も湧かない。ピアノでもオルガンでも、実物をもとに、「ここが楽譜のこれ」という風に教えられると、私でも理解できたのではないかと、自分の不勉強を棚に上げ責任転嫁している。とは言っても、楽譜を見て全て分かるわけではない。分からないところは、息子や娘が帰ってきた時に、「ちょっと、ちょっと、教えて」となる。少しずつではあるが、上達はするものである。弾ける（と自分で勝手に思っている）曲が増えていくのも楽しみである。

そうそう、初めの頃に息子に質問した。ドレミ……というのと、ハニホヘ……というのがあるが、何故か。ドレミの方はイタリア語である、という答えであった（と思う）。ハニホ……の方は日本語であるのは私にも分かる。しかし、何故、イロハ……ではないのか、という質問に答えてくれたのだが、忘れてしまった。ま、私の音楽の学力水準はこんなところ。

上を向いて歩こう

　大企業、中小企業、零細企業と渡り歩いて、という程ではないが、最後は個人企業に行き着いた。前にいた職場の人間が独立して、私に「手伝いませんか」と声を掛けてくれたのである。「顧問」という立派そうな肩書きではあるが、実態は揉み手、擂《す》り手の営業活動である。週に1、2回程度は都内に出掛けていた。ある程度年数が経ったし、声を掛けてくれた彼にも、私の多少の人脈との面識ができたので、だんだん営業に出掛ける回数を減らした。逆に合気道関係の活動が増えたということもあるのだが、1週間に1度も営業に出ず、家からも出ないということも増えてきた。勿論、炊事、洗濯、掃除はやっているし、結構、階段を上り下りしてはいるものの、机に向かっていることが多くなった。合気道の稽古の時の準備運動で腰を回す。特別なものではない。普通に運動をする時にやるウォーミングアップの一つである。すると、自分の耳に聞こえる程度の「コキコキ」という音がする。JRの車内放送風に言えば「異音を感知」である。別に痛みがあるわけではないし、異常という程ではないが、今までしなかった音がするのだから、正常ではないらしい。加えて、例えば机に向かっていて立ち上がる、或いは歯科医院で待っていて名前を呼ばれて立つ時、特に意識しないで、すっと、或いはサッと立ち上がっていたのが、どうも「すっ」「サッ」と行かない。立ち居振る舞い、挙措動作、身のこなしが無意識に行かないような気がする。

私は週に2、3回は合気道の稽古をしているし、それ以外の日に空模様を見て走ったりもしているから、一般の人（とは誰かも問題だが、ま、同年代の人という程度）よりは運動している方だと思っているし、そうだろうと思う。しかし、どうもこの異音の原因は直立歩行の不足によるものではないか、という気がした。異音に接し始めて暫くして、3泊程度の外国行きと、その翌週に合気道の講習会が続いた。外国行きは3泊程度であるし、暖かい地域の国であるから、荷物もそれほどない。息子と娘が幼稚園から小学校低学年程度の頃までハイキングや小旅行程度に使用したリュックサックがあったので、調べてみると十分使えそうである。これに荷物を詰め込んだ。海外旅行は、見掛ける人はほぼ全員、スーツケースをガラガラと引っ張っている。リュックサック、いやバックパックというやや縦長の（リュックサック状の）ものを担いでいるのは、日本に来る外国人の若者くらいである。横長の、それも深紅（紺の縁取りはあるが）のリュックサックを担いでいるおじさん、いやおじいさんなど、私くらいしかいない。帰路、羽田空港で預けてある鞄類が出てくるのを見ていても、リュックサックは私だけであった。リュックサックは両手が空いているから機能的である。もっと長期の海外旅行となると、こんなリュックサックには納まり切らないだろうけど。

さて、3泊の海外旅行への出発の日、リュックサックを背負って、朝早くタクシーもないから自宅から駅まで歩いた。羽田空港でも、荷物を預けるまでかなり歩いた。現地に着いてからも同様。帰りも。ということで、この時はリュックサックを背負ってかなり歩いた。

翌週末の土日、合気道の講習会がある武道館で開かれた。中学校の授業で武道が必修となり、当初は柔道、剣道だけであったものが、この年から合気道なども入ったので、そのための講習会ということであった。2日間とも午前・午後と1日2回、1回2時間（間に10分程度の休憩）の実技指導のコマがあった。中学生の指導のための、と言うのだから、中学生に「ここはこのように気をつけて」とか「この技は危険なのでやめておきましょう」とか、その程度のものだと軽い気持ちで参加した。ところが、これがどうして全く普通の稽古である。県下の各道場から参加しているから、一人を除き全員初対面。日頃の所属道場であれば、技量もお互い分かっているが、初めての相手であるから全く分からない。油断なく緊張しての稽古である。初日、午前中の実技指導のコマが終わった時は、明日来られるだろうかと心配になるくらいの疲労であった。帰ったらとにかく早く寝ようと、それだけであった。緊張もほぐれたからだろうか、翌日は初日ほど疲れなかった。

本題はここからである。この武道館は、当然のことながら、JRの駅の直ぐ前という訳ではない。案内には徒歩25分とある。講習会期間中は送迎シャトルバスが1時間に2本出ている。初日が終わって、着替えをして武道館の前のバス停に行ってみると、ほんの2、3分前に出たばかりである。少しは遅れることもあるからな、と数分待ってみたが来ない。武道館を出て、交通の激しい大通りへ出ると、駅へ行く路線バスも通っていそうなので、それをあてにして歩くことにした。バス停はあったが、バスは来そうにない。えい、25分歩くかと歩き出した。もう晩秋で、歩き出した頃には車はライトを点けていた。道は分かり易いのだが、途中、通行人に確認のため訊いた。

「この道を真っ直ぐ行って、3つ目の信号を左へ」。3つ目の信号は遠かった。左に折れれば直ぐ駅が見えると勝手に思ったのだが、そこからがこれ又結構遠かった。身長160センチと長くはない、いや短い足のせいではあるが、稽古で汗を吸った稽古着も重い。スタスタではないが、自分としては普通の速さで歩いて30分掛かった。2日目、朝は又、駅から武道館まで歩く羽目になった。市民マラソンとかで、駅に通じるルートのバスの類《たぐい》は運休となったからである。

という次第で、平日を挟んだ2回の土日、多少は重い荷物を背負ってかなり歩いた。すると、どうだろう、あの異音が解消した。直立歩行の人間はやはり、しっかり直立歩行しなければいけないのだ。

♪　上を向いて　歩こう……♬

ついでながら、歯科医院などで待っていて名前を呼ばれると、私は「はい」と返事をして立ち上がる。だが、ある時気が付いた。名前を呼ばれて返事をする人はほぼ皆無。物心ついて以来「名前を呼ばれたら返事をするんですよ」とずっと教えられてきたのだが。名前を呼ばれて返事すべきは子供だけではあるまい。

ついでのついでながら、旅をする時にリュックサックを使ったのは、昭和の終わり頃までは、それが一般的だったからである。ところが先の通り、現在の旅行では全く姿を消している。流行とは面白いものである。しかし、流行は繰り返す。いずれまたリュックサックが復活するに違いない。更についでながら、リュックサックを背負う場合、私は下部が腰のベルトより少し下くらいになるように調節する。ところが近年、老若男女を問わず、もう少し下にしている。すると、歩く度にドンドン（という程でなくても）とお尻に当たることになる。実際、前を歩いている人の様子を見ているとそのようである。しかし、そういう背負い方が今の流行、一般的のようである。面白いねぇ、流行って。

流行と言えば、現在は細いズボンが大流行である、男女共。私などは、それを見ていると、脱ぐのは大変だろうな、と思う。細いズボンは、もう50年もの昔、私が中学生の頃（1955～1960年代、昭和で言えば30～35年代）に大流行した。何故かそのズボンは「マンボズボン」と呼ばれていた。その10年後、普通の太さになり、私が就職した頃（1965～1970年代、昭和で言えば40～45年代）は、今度は裾が広がっている「パンタロン」（フランス語でズボンの意）が流行した。

裾が広がっていなくても、裾に行くに従って細くなっていなければ、着用した時に裾が広がっているように見える。今の細いズボンもいずれ太くなると私は睨んでいる。

もう一つ。私が就職した頃までは、背広（まだスーツという言い方は一般的ではなかった）は、「紺に始まり紺に終わる」と言われていた。しかし、黒（系）のスーツはもうかなりの期間（少なくとも昭和の終わり頃からか）定着していて、変化の兆しが見えない。今年（２０１９年）の某大学の新入生が一様に黒のスーツだった事についての某教授の言が（好意的な論評ではなかった）、一時期、話題になった。

更についでに。高校生だった私の修学旅行に、革靴を買ってくれることになった。母親としては、多くの生徒が革靴で行くのだから可哀想だと、貧乏な我が家ではあるが、無理をしてくれたのだろう。その時は本当に嬉しかった。その頃の革靴は紐があって、それを結ぶ。紐を解いたり結んだりが面倒なので、緩めに結んでおいて、履く時に靴べらをかかとに当てて足を滑り込ませる。その後、いつの頃か記憶が定かではないが、紐のない「ローファー」（私の知識なので、正確な名前かどうか分からない）という靴が登場した。靴紐を結ぶ手間がいらないのだから便利である。以降、専らこの形態の靴を履いている。不幸があった時、博士（理学）の息子に「黒い靴を持ってるか」とメールした。「うちばねのストレートチップ」があると返信が来た。「うちばねのストレートチップ」って何じゃ、と思ったが、持っていないとは言ってないのだからとそのままにした。彼が履いて来たのは、私が昔履いていた、紐の付いた靴のことであった。彼が言うには、ローファーはフォーマルなものではないので、格式を要する時は「うちばねのストレートチップ」でなければならないのだそうである。理系の研究者の多忙さは、一般人の想像を絶する。地球規模で研究者が正に「鎬《しのぎ》を削っている」というのがひしひしと伝わってくる。過労→鬱→自殺を本気で心配した。幸い、人的環境が多少改善されて、以前ほど心配しなくてよくなった。そんな多忙な研究者が、どこでそういう情報を得るのか、息子の職場にそういう人達がいるとも思えない。息子の結婚式に、恩師に当たる私とほぼ同《おな》い年の某大学名誉教授が来てくれた。彼は、昔懐かしい革の学生鞄！を提げて現れた。それこそ学生時代からずっと使っているのか、革の表面は、私の頭のようにハゲチョロケであった。

電車に乗って何気なく前の人達を見ると、紐の付いた靴を履いている人がほとんどだ。これも流行らしい。更に、男性の靴も先が長く尖っているような形状が流行のようだ。魔法使いのお婆さんの靴のようである。あんなに長くて歩き難くはないのだろうか、と余計な心配もしてみる。

ついでに「鎬を削って」の「鎬」とは。日本刀を両手で握って相対した時の下側、切れる部分が刃であり（こんなに説明しなくても包丁を思い浮かべればいいのだけど）、刃と反対側、上の切れない部分が峰である。BSの時代劇などを観ていると、太刀を抜いて上下逆にして相手を打つ「峰打ち」の場面が出てきたりする。相手を気絶させたりはするが斬ったりはしないという姿である。勿論、カッコいい主人公がやる。その刃と峰の間、少し膨らみのある部分が鎬である。つまり、鎬を削るとは、双方の剣が鎬の部分で組み合わさり、押し押される（という表現が適切かどうかは分からないが）という競合状況である（随分難しい説明をしてしまった）。

因みに、剣を両手で持って構えるのは日本刀だけだそうである（前田英樹著『剣の法』筑摩書房）。片手で持てば剣の後ろに自分の身を隠すことができるが、両手で持つ構えでは、自分の体が相手に正対（に近く）することになる。即ち相手にとって的が大きくなり攻撃される危険が増す。そこから日本の剣では「構え」が生まれたのだということである。『剣の法』の始めの部分はそういう原理原則、知っていそうで知らなかったことが記されている。日本刀は少し「そり」がある。聖徳太子の像などを見ると、真っ直ぐな剣、直刀である。つまり日本に刀が伝わった当初は直刀であったものが、聖徳太子の頃から「そり」のある、いわゆる日本刀に変わっていったらしい。どうしてそうなっていったのか。その分野の研究者もいるのだろうが、興味深い。

あ、そうそう。これを書いているうちに、リュックサックってどういう意味、何語なのだろうと疑問がもたげた。インターネットのウィキペディアで検索すると、ドイツ語、オランダ語起源らしいことが分かった。「背に負う袋」の意だそうである。アジア太平洋戦争敗戦前の日本、特に軍隊では「背嚢《はいのう》」と呼ばれていた。英語ではバックパック。これは分かり易い。そう言えば最近、電車に乗ったりしていると、この「バックパック」型から、やや角張った、正に「背嚢」型に流行が変わっているようである。いわゆる学生服、ランドセルは、日露戦争時の日本兵の服装が起源だと、昔、何かの本で読んだことがある。

大江山　いく野の道の　遠ければ
まだふみもみず　天の橋立（小式部内侍）

書き忘れたことがある。海外へ行った経験などほとんどない私が偉そうなことは言えないのだが、外国のお札《さつ》（紙幣）は、日本のお札（紙幣）に比べてどうも安っぽい感じがする。何故だろうかと考えてみると、それは紙質の所為《せい》だろうと思い至った。つまり、日本のお札は和紙である。和紙は厚みと丈夫さがあって重厚感を与える。和紙は正に「和」紙だから日本の紙である。楮《こうぞ》、三叉《みつまた》、雁皮《がんぴ》という木（の樹皮の内側の皮）が主な原料らしい。以前、岐阜の飛騨地方だっただろうか、和紙作りを紹介するテレビ番組があった。木の皮を剥いで叩き、蒸し、それを冬、雪の上に晒す（私の記憶によるので、工程がそれだけとは限らない）シーンがあった。それだけでも大変な労働である。自分がやらないで他人様《ひと》にお願いするだけというのは気が引けるが、和紙がなくならずに、日本のお札も重厚さを失わずに、と願う。

古来和紙が作られてきたので、日本では、『枕草子』『源氏物語』の例を引くまでもなく、文学、芸術が盛んになり、また作品も、手紙の類《たぐい》も残っているのだろうと思う。BSで時代劇などを観ていると、江戸時代が舞台なら犯人の人相書きを配ったり、「瓦版」などという庶民も手に取れる、言わば新聞が出てくる。羊皮紙くらいしかなかった西欧とは大違いである。明治になって、ポルトガル領だったマカオに大阪の商人がやってきた。洟《はな》をかんだ紙を捨てる彼らを見て、西欧人がなんと勿体ないことをするのだと驚いたという記録があちらにあるという話を、新聞記事か何かで読んだ記憶がある。もう一つおまけで、フランス人はハンカチで洟をかむと聞いたことがある。今でもそうかは分からないが、これも紙がなかったからだろう。

ところで、お札（紙幣）と書いたがこれは正確ではない。日常、常識的に紙幣と言っている、1万円札、5千円札、千円札（2千円札というのもあったはずだが、どこかへ消えてしまって流通しているようには思えない）は、日本銀行券である。お札を見てみると、そのように書いてある。即ち、日本銀行が発行している「券」である。刑法148条は通貨偽造、行使等を犯罪として規定している。その1項にである。

は、

行使の目的で、通用する貨幣、紙幣又は銀行券を偽造し、又は変造した者は無期又は3年以上の懲役に処する。

とある。すると、日本銀行券以外の、紙幣、貨幣とは何か。紙幣、貨幣は政府即ち国が発行する「お金」である。従って、現在、日本銀行券を「紙幣」と通称しているが、正確には、日本には「紙幣」はない。「貨幣」はある。硬貨である。500円玉などをよく見ると、「日本国」と刻まれている。政府（造幣局、今は独立行政法人になっているのかな）が製造し日本銀行に売っている。売ると言うのも変だが、造幣局で製造し、日本銀行に有償で渡しているらしい。

何故、「銀行券」なのか。西部劇を観ていると、金《きん》を輸送する駅馬車を強盗が襲うなどという話がある。古来、金（或いは銀）が最終的な信用力のある決済手段、簡単に言えば通貨としての役割を果たした。そこで、新興のアメリカ大陸でも金が決済の最終的な力となるのだが、金の輸送は危険を伴う。そこで、金を銀行に預け、代わりに「お札」＝銀行券を貰い、これで支払い手段とする。つまり、銀行券とは言わば銀行が発行する手形である。ということで、銀行券はいつでも金に換えることができる、即ち兌換券《だかんけん》だったのだが、アメリカも確か、ニクソン大統領の時代に兌換をやめた（１９７１年）。現在では、いわゆる管理通貨制度でおそらく世界中の国で兌換券はないのではないだろうか（確認はできていない）。但し、各国の中央銀行の支払い準備というのか、最終的な拠り所となる資産は外貨の中軸であるドルと金である。もうかなりの昔、フランスでドゴールが大統領になった頃、彼（正しくは彼本人ではなくフランスの中央銀行だが）は、せっせとドルを金に換えてアメリカを怒らせたという話があった。誇り高きフランス、ドゴールらしい。

因みに、何故、日本の通貨単位は「円」なのか。明治になって日本の通貨の単位を決める時に、誰か偉い人が指で丸を作ってこれでどうだと言ったとかいう俗説を昔何かで読んだような気がするが、これは正に俗説らしい。円も中国の人民元も、韓国のウォンも同じ「○《まる》」という意味だということを最近知った。通貨はその発行主体の力、信用力で、流通するかどうか、そしてその範囲・程度が決まる。従って、中国大陸のように広大な土地では、明、清という国家があっても、力が衰えてくると、各地で色々な通貨が発行、流通していたらしい。その頃、信用力があって流通していたのが、貿易で流入したメキシコの銀貨で、その形状が○であったので、いずれも○を意味する円、人民元、ウォンという単位になったというのが現在の通説らしい（吉岡桂子著『人民元の興亡　毛沢東・鄧小平・習近平が見た夢』小学館）。

ついでに、今秋（2019年秋）、ふとしたことから、「文学」に親しむ気になった。ブックオフに行って、100円で見切り売りしている名作を何冊か買ってきて読んだ。書名を挙げると、今頃読んでるのかと笑われそうなので控える。高校時代の昔、読みもせずに書名・作者名だけを受験のために覚えた古典的名作である。読んでみると、流石に名作と評価されるだけのことはあって、面白い。作者だけ挙げると、夏目漱石、芥川龍之介、谷崎潤一郎、山崎豊子、といったところである。何冊か読んで、またブックオフへ行こうか、となったところで、待てよ、まず、娘や息子が置いていったものから読めばいいではないか、と思い至った。見てみると、パール・バックの『大地』が目についた。2018年秋、北京に行くことになった娘が予備知識にと買ったものらしい。これが、面白い。読み始めるとやめられない。かなり厚い文庫版で4冊である。一気に読んでしまった。アヘン戦争から辛亥革命辺りの中国大陸を舞台にしているようなのだが、そこで出てくるのが銀貨である。銀貨を一掴みとか、銀貨何枚と出てくる。金貨は登場しない。

日本橋にある日本銀行の旧本店の建物は、「円」の形をした建物である。周りに高層ビルが建ったので、上からよく見えて分かる。

カボチャを煮る

　カボチャ、人参は適度な大きさに切っておいて冷蔵庫に保存し、朝食、或いは夕食に（私は1日2食である。詳細は前著『70代からの男の一人暮らし』）、電子レンジでチンとやり食べる。私の場合は８００ワット（これは設定がそうなっていたので変えないだけで、特に意味はない）で3分が基準である。水分が飛んで味が凝縮され、何も付けたり掛けたりの必要はない。これが言わば定番なのだが、時には変化も付けたくなる。週末辺り娘が帰ってきそうな気がしたある日、献立を考えた。朝早く家を出て、夜も遅く帰ることが多い仕事柄、普段の食事は簡便なもので済ませているに違いない。ここは一つ煮物と行くか、と親心の押売りをすることとした。丁度、生活クから、注文していた直径20センチはあろうかという大きなカボチャが届いたので、よし、カボチャの煮物で行こうと決めた。やはり、昔食べた記憶のあるものから手掛けることになる。カボチャと確か小豆が入っていたな、と記憶を辿る。小豆は……乾燥した小豆はあるのだが、これは正月用の黒豆を煮る前に一晩水に浸けておくように、水に浸けるという手順が必要なようだ。確か、缶詰の類《たぐい》が入っている台所の棚の引き出しに、赤い豆の缶詰があったな、と思い、あちこち開けてみると、あった。大正金時ドライパックがあった。いつ買ったのか分からない。かなり古そうだが、家内が生活クで買った物だろうと勝手に解釈した。販売者は上士幌町農協（北海道河東郡上士幌町）で、原材料は大正金時（北海道産）、食塩だけである。缶には「北海道上士幌町産の大正金時を煮汁を使わず高真空で蒸煮したものです。」と記載されている。成る程、それが「ドライパック」という意味か。

豆とカボチャと、確か甘みがあったから砂糖も必要だな。ただ、単なる砂糖では風味に欠ける気がする。調味料等の引き出しを掻き回していると、かなり昔の、残り少ない黒糖の袋があった。これこれ、これなら良さそうだ。袋に「トライアスロンの島　宮古島」「多良間産」「多良間島のさとうきびを使って造りました」と大きく表示されている。製造者は、知花黒糖加工所（沖縄県宮古島市）で、原材料は当然のことながら、さとうきび（沖縄県）だけである。

黒糖の他に、やはり出汁は必要だろうと思った。丁度上手い具合に生活クのパックだしも注文してあった。最近はこういう粉末、或いは顆粒の出汁が新聞や雑誌でよく宣伝されている。生活クも最近か、それとも以前から取り扱いがあったのか、定かではないが、これは簡便である。袋の表に「パックだし」とあって、その上に「素材そのまま」と表示されている。成る程、裏面の原材料名を見ると、「にぼし、かつおのふし、こんぶ、しいたけ」となっている。そして、

組合員が開発に参加して、できあがりました。パックだしの原材料は、すべて提携生産者のものを使用しています。原材料の配合割合は、にぼし6（長崎県

漁連）　かつおぶし2（山彦鰹節）　こんぶ1（みついし昆布）　しいたけ1（OSK）。みそ汁や煮物などのだしに最適です。

とある。販売者等については次のように表示されている。

販売者　生活クラブ事業連合生協連（東京都新宿区）
製造者　（有）山彦鰹節（三重県志摩市）
提携先　みえぎょれん販売（株）（三重県伊勢市）

みえぎょれん販売（株）は、三重県漁業協同組合連合会の子会社であろう。生活クで取り扱っている海苔は三重県産のものである。海苔と言えば有明海産が有名だが、三重県漁連（或いは、みえぎょれん販売）の海苔は、漆黒という語がぴったりの艶がある美しさである。この色合いは三重の海の所為《せい》（海水の栄養分や温度等）

かと思ったら、前項で記した、私に「手伝いませんか」と声を掛けてくれた彼によれば、厚みの所為だそうである。確かに厚みがある。市販の海苔の中には向こう側が透けて見えるような海苔もあるが、この海苔は「ぱりっ」という形容がぴったりの厚さがある。彼は、私もいた職場で仕事の関係で知り合った三重県漁連の役員に頼んで、季節が来ると大きな段ボール1箱の海苔を職場の何人かで共同購入し、送って貰っていた。

と、以上のような材料が揃ったので、後は煮るだけ。そうそう、あの大きなカボチャは出刃包丁でもいきなりは無理。鋸だ！　2つに切って、更に2つに、つまり4つに切ってから出刃包丁で更に小さくする。

ついでながら、合気道の道場を開いている人が冬瓜をくれた。家庭菜園（と言っても、元々農家なので結構な広さらしい）もやっていて、夏に冬瓜を生《な》らせると雑草対策にもなるということであった。冬瓜という野菜の名前を聞いたことはあるが実物を手にするのは初めてである。かなり硬いと言っていたが、成る程、これも出刃包丁でもいきなりは無理。そこでカボチャ同様、鋸でまず4つに切って（瓜であるから細長い）、その縦長の4つ割りを今度は出刃包丁で適当な大きさに切った。冬瓜には味と言えるほどの味はなさそうなので、油揚げ（埼玉県入間郡越生町、有現会社大豆工房みや）と国産十割こうじみそ（長野市、株式会社マルモ青木味噌醤油醸造場）で、言わば味噌汁状に煮た。大きな鍋に一杯できたので、5日程に亘って食べた。食べる前には火にかけて熱くするので、日が経つにつれて冬瓜に味が染み込み旨かった。又、くれないかな。

ところで、冬瓜もカボチャも経線と言うか、縦の方向には強く、緯度の線と言うか横には弱いということを発見した（大した発見ではないが）。カボチャの筋に沿って切ろうとすると出刃でも切れないほどだが、同じカボチャでも縦の筋に直角なら切り易い。冬瓜もカボチャも縦方向に鋸で切って、しかるのち、出刃で横に切る（随分くどい話）。

さて、細工は上々、我ながら上手い仕上がり。カボチャの煮物だけでは少々寂しい。お正月の煮しめ様の、これまた煮物を準備した。材料は、人参、牛蒡、里芋、生いもこんにゃく（ＪＡ上伊那）である。加えて味、風味を出すために平田牧場の豚肉切り落とし。

牛蒡、里芋は金属タワシでごしごしとやって、皮を剥く。小さい里芋をごしごしとやると、どうしても里芋を持っている手も少々こすることになるが、ま、娘のためと親心の押売りをして我慢。人参は皮を剥かず、亀の子束子で少し強めにこする。これは以前、ＮＨＫの「ためしてガッテン」で仕入れた知識である。

豚肉切り落としをまずゴマ油（「餃子を作る」の項参照）で炒め、一味とうがらしを入れればぴりっとしていいような気がしたので、代わりにラー油（同じく「餃子」の項参照）を少々垂らして炒め、牛蒡、里芋、人参をばらばらと入れ、出汁はやはり生活クのパックだし。そうそう、醤油も必要だなと、さっと振り掛ける（分量適宜）。因みに、牛蒡は皮を剥いて乱切りにした後で水に晒す。汚れなのか灰汁なのかが出るので、その水を捨てる。最近、週刊誌（本だったかな）の広告の中で、牛蒡は水に晒してはいけない、とかいうのがあったが。

少し付け足しておきたいことがある。ある時テレビを観た。よくある食べ物と健康という番組である。林修が出演していて、他の出演者が生徒、東大ママドクターという人が先生役という設定であった。その中で、長野県は女性の平均寿命が、かつては全国でかなり下位にあったが、今では全国一になった（男性は1位ではなかったがベスト5以内であったと思う）、その要因が牛蒡をよく食べることにある、という内容であった。そして、長野のある地区に行って健康・長寿の人の食事を見せて貰う、という趣向である。

牛蒡は食物繊維が各種食材の中でナンバー1の含有量を誇る（ナンバー1だったと思う）。しかも食物繊維には水溶性と不溶性の2種類があるが、牛蒡はその双方を含んでいて理想的（だったと思う）であるという内容であった。その解説で、東大ママドクターが、牛蒡を水に晒すと水溶性の食物繊維が溶け出すので、水に晒さない方が良いという説明をしていた。成る程、週刊誌の見出しはこれだったか。また、皮には栄養分が多いので、皮は剥かない方がいいとも言っていた。長野のお宅では、泥・土付きの牛蒡をタワシで優しく、土だけを洗い流すのだと言っていた。という訳で、私が自慢していた牛蒡を金属タワシでごしごしとやるというのは、今後改める。過ちを改むるに憚ること勿れ。小泉純一郎元首相も言っている。原発推進の過ちを改めて脱原発に転じた、と。

言うまでもないことだが、この種の話には注意が必要である。長野の人が牛蒡をよく食べるということと、平均寿命が長いということとの相関関係が学問的に証明されているかどうかとは別であるということである。因果関係が明確に証明されているかどうか、私は知らないので、もし明確な因果関係が証明されているのであれば、私としてはお詫びして訂正する。というのは、長野の人は、昔(平均寿命が低位であった頃)、牛蒡は余り食べなかったが、牛蒡の消費量と共に平均寿命が延びてきた、というのなら頷ける(ある程度)。そこは番組にはなかったので、私はこのように思うのである。

念のためお断りしておくと、牛蒡を食べた方が良いということ、牛蒡の栄養価、その機能を否定するものでは決してない。それどころか、東大ママドクターともう一人の医師の解説は十分に納得のいくものであったから、これまで以上に食べることを心掛けようと思った次第である。

他愛ないテレビ番組にこんな七面倒臭いことを言わなくてもいいのだけど……。

ついでに、大阪弁では「七」は「ひち」である。いち、に、さん……ひち、はち……である。質屋は「ひちや」である。「七面倒臭い」は「ひちめんどくさい」である。東京弁（或いは標準語もしくはNHK語）では「しちや」である（今もそうだと思う）。何故今もそうだと思う、と書いたかと言えば、最近（と言ってももう2、3年になるかな）、どういう根拠、理由によるものかは知らないが、「じゅっぽん」（10本）と言っていたNHK語が「じっぽん」に変わった。「じゅってとりなわ」（十手捕縄）も「じってとりなわ」である。私は別にNHKに義理はないから、「ひち」であり「じゅって」である。ついでのついでに言うと、JRのホームで駅員のアナウンスに耳を傾けていると、「3ふん」「4ふん」という若い人（声から判断）が結構いる。息子も小学生になる前だったかな、「さんぷん」ではなく「さんふん」と言っていた時期もあったが。

そうそう、最近気が付いた。「ひち」も「しち」もなくなって、テレビ・ラジオの世界では「なな」一本槍のようだ。聴き手が間違わないように、「ひち」や「しち」ではなく「なな」と言っているのかなと善解してはいるが、「ななつ」とか「ななねんまえ」と言われると、若干の抵抗を感じる。「ひちがつ」と言ってよと。

煮物は煮て置いておくと冷める。その時に味が材料に染みるのだ、と娘が言った。成る程、熱で膨張した材料が冷めて収縮する時に味も一緒に吸い込む。理に適っている。で、煮物は食べる直前ではなく前日には仕上げ、食べるまでには少なくとも2回は火を通す。今回は3日前に準備したので、毎日火を通し、材料も蕩《とろ》けるように柔らかくなり、味も十分に染み込んで、成功！

みえぎょれん販売の商品と言えば、なんと、「すりごま」があった！　如何にお伊勢さんでも、三重の海でゴマは採れない。青菜のおひたしには、ゴマだれ（千葉県匝瑳市、タイヘイ株式会社）が便利でよく使うが、時には気分を変えて、擂りゴマも使う。台所のゴマがある引き出しを開けると、家内が買ったものらしい、消費期限がかなり過ぎた未開封のものがあった。生ものでもないし、支障あるまいと、使うことにして袋を見ると、擂りゴマではない。あのゴマの形をしたものが入っている。ゴマの皮はかなりしっかりしているので、そのままでは体内で消化されないと聞いた記憶があったので、擂り鉢が必要か、なら、ま、次回に、と思って何気なく袋を見ると、「皮むきいりごま」と大きく表示されている。中身はゴマの形をしているのに皮を剥いてあるのか、しかも煎ってあるって。大きな字の表示の下に「皮むきごまは口あたりがよく消化がいいのが特徴です」と書かれている。お、これなら大丈夫と、おひたしに使用することにした。へぇー、と思いながら更に袋の裏面を見ると、販売者が「みえぎょれん販売株式会社」となっている。更に、へぇー、である。まさか、みえぎょれん販売が製造しているのではあるまい（製造して悪いことはないと思うが）と、よく見ると、製造者は株式会社真誠インダストリアル・パーク関ヶ原工場（岐阜県不破郡関ヶ原町）となっている。なんとなく安心した。この会社とみえぎょれん販売が何らかの縁があって、生活クへの窓口をみえぎょれん販売が担当しているのであろうと勝手に解釈した。袋には次のような表示もある。

ごまの皮を取り除いてありますので、口あたりがよく消化吸収に優れていますす。そのまま食べていただいたり、すらずに色々な料理にご利用いただけます。皮をむくために薬品は一切使用しておりません。ごま本来の味をお楽しみいただけます。

嬉しいねぇ。「薬品は一切使用しておりません」「そのまま食べていただいたり」だって。それにしても、こんな小さいゴマの皮をどうやって剥くのだろうか。お米の籾擦りのように、ゴマ同士を擦り合わせるのだろうか。今度見学させて貰おう。

わたの原　八十島かけて漕ぎ出でぬと
人には告げよ　海人の釣り舟（参議篁）

そうそう、カボチャと言えば、昔は「ナンキン、カボチャ」と言っていたものだが、ふと気が付いてみると「ナンキン」の語はすっかり消失してしまったようだ。念のため辞書で調べてみると、「カボチャの異称」とある。ナンキンは「南瓜」と書くのだと思っていたが、辞書では「南京」の項にあるので、私の思い違いらしい。「南京」の項には、「珍しいもの、小さくて愛らしいものの上に付けて呼んだ語」ともあって、南京錠、南京豆（落花生、ピーナッツ）、南京虫などの例が挙げられている。因みに、6年程前まで3年余ベルリンで生活した娘の話によると、ベルリンではカボチャは「ホッカイドウ」という名で売られているそうだ。北海道からの輸入が多いのだろうか。

味噌で面白い（？）体験をした。普段使用する味噌は、先に記した通り、マルモ青木味噌醤油醸造場の味噌である。味噌汁に味噌を入れる時は、味噌を入れてから沸騰させると味噌の風味が落ちるのでしてはならない、と家内に教えられた。そこは守ってはいたのだが、生活クの書籍案内に（生活クでは、食材・消費材以外に書籍、旅行などの案内もある）、『その調理、9割の栄養捨ててます！』（東京慈恵会医科大学附属病院栄養部監修、世界文化社）が出ていたので、「これこれ」と思って購入した。何故、「これこれ」と思ったかと言うと、日本食品標準成分表（文部科学省）というのがあって、食品に含まれる栄養などが分かるのだが、その栄養素が焼く、煮る、などの調理の過程でどうなるのか、失われるのではないのか、ということが疑問で、そういう本はないのかなぁ、と思っていたからである。日常よく使用する食品の代表的なものが、簡潔に、分かり易く記載されていて、実に重宝である。初版本の帯に「たちまち20万部」とあるが頷ける。

さて、マルモ青木味噌醤油醸造場の青木さんが、ある時、生活クの機関誌に登場していた。天然麹味噌は酵母が生きているので、味噌になってからも発酵を続け、炭酸ガスが発生し容器は少し膨らむ。大手メーカーはこれを嫌って、熱を加えるかアルコールを添加するという話で、「これでは麹味噌の意味がないのですが」と語っていた。『その調理……』の該当する頁を開いてみると、味噌汁について「みそ汁は50℃で健康効果を最大に引き出す！」というのがあった。味噌の中の乳酸菌は50度で徐々に死滅し、酵母も70度ほどで死滅してしまうので、「火を止めてから少なくとも10分以上おいて、乳酸菌や酵母が生きられる50℃以下にすることが鉄則です！」とある。そして、火を止めて直ぐぐらいだと80度はある、ということだ。乳酸菌は別のもので考えるとして、折角の天然麹味噌の酵母が死滅してしまうのは勿体ない。5分程置いて、少し温度が下がった（何度かは分からないが、ま、適当）頃、味噌を溶き入れた。

この時の具は茄子と油揚げである。茄子の味噌汁は冷めても旨いから、暑くなる時期には最適で私は好きである。

そこで実践してみた。土曜日の夜、味噌汁を作り、日曜日の朝、私は合気道の稽古に出掛け、まだ寝ている娘の朝（昼？）食用にと、メモを残しておいた。

娘は8年近くの海外勤務から帰国後、都内のマンションを借りていたのだが、今年（2018年4月）都合で私と同居することになり、早朝発、深夜帰宅の厳しい通勤・勤務を続けていた。従って、週末はぐったりと寝ているということになる。

私が稽古から帰宅すると、娘が「味噌汁のお鍋から何やらプップッと音がする」と言う。やったぁ、味噌汁の酵母が発酵を続けている！　それは成功なのだが、お陰で味噌汁はかなり酸っぱい味がする。私は酸味のあるものが好きだが、それにしてもかなり酸っぱい。1椀はそのまま吸って、その後、熱を加えて発酵を止めた。

当然だが、酸っぱいのはそのままである。娘は「発酵と腐敗は紙一重。やめたら」と言ったが、私は食した。娘には勿論、供する訳にはいかない。

かなり多量にあったので、私は2回、2椀ほど食したが、体に異常は起きなかった。

秋から冬、寒くなるとこうは行かないが、当分はこれで行ける。

コラーゲンたっぷり

生活クから届いた鶏肉のぶつ切りは、拳の半分から3分の1くらいの大きさのぶつ切りが8〜10個くらい入っていて500グラムと表示されている。生産者は、山口市、株式会社秋川牧園である。ぶつ切りであるから、骨及びその中の、髄とでも言おうか、その部分も一緒である。これは、スープとして吸うことを前提に、水の量を多くして、胡椒をたっぷり振って、塩で味を調える。と言っても「適当」（えかげん）である。

家内は「調味料は足し算はできるが引き算はできない」と言っていた。味が薄ければ足せばいいが、濃すぎると薄くすることはできない。勿論、全くできなくはないが、なんらかの手段によって全体量を多くするしか手はないから、ま、通常は困難である。そこで、「ええかげん」ではあるが、まず、調味料は多すぎないように気を付け、後で味見をしながら調節する。

もうかなりの昔、京都の懐石料理店「辻留」の辻嘉一がNHKの料理番組に出ていた。例えば、「お塩を少々」と言う。アナウンサーが「小さじでどれくらい」と聞くと、「少々でよろしいねん」と答える。ま、そういうもんだろう。ついでに、辻嘉一は京都人だが、関西では「お」を付けるのが一般である。醤油は「おしょゆう」、「お酢」「お塩」といった具合である。初対面でアクセントに関西を感じさせない人でも「おしょゆう」とくれば関西の人である。

さて、鶏のぶつ切りも上々の出来。と言っても、自分が手を加えたのは味付けだけだが。一晩置いて翌朝、もう晩秋、初冬という時期だから、鍋の蓋を取ってみると、コラーゲンがたっぷりの「煮こごり」という状態になっている。脂肪は白く(或いは多少黄色く。平田牧場の金華豚の場合は見事に純白)表面に浮いて薄い煎餅のように固まるが、コラーゲンは透明に固まる。

テレビを観ていると、コラーゲン（入り）を謳うサプリメント、化粧品のコマーシャルが花盛りだが、この鶏のぶつ切りのコラーゲンを見よ！
8〜10個くらいのぶつ切りを、スープを楽しみながら（旨いよ！）、2回に分けて食べた。

夜をこめて　鳥のそらねは　はかるとも
よに逢坂の　関はゆるさじ（清少納言）

ラジオを聴く

ラジオをラヂオと書ける人、ラヂオでラジオを理解できる人は最早、少数派だろう。それはともかく、以前は午前6時台に起きて、仕事に出掛けない時は、朝食後、7時半から山崎さんのお茶（前著『70代からの男の一人暮らし』）を「旨いなぁ」と思いながら飲みつつ、NHK・FMの「クラシックカフェ」を楽しむというのが概ね朝の過ごし方であった。

昔いた職場の関係者で、朝、3時半には犬を散歩させているという人がいた。「えぇー、3時半、何時に寝るの」と驚いたが、一人になってみると、観るほどのテレビもないし、そうか早寝早起きでいいか、と思った。丁度朝6時からのNHK・FMの「古楽の楽しみ」を目覚まし代わりにしていると話してくれた人がいて、

「古楽」なる分野があることを知った。そこで、この2つの話を組み合わせて、午前4時台起床。すると早ければ6時には山崎さんのお茶を楽しみながら「古楽の楽しみ」も楽しめることになった。「楽しみ」の二重奏だ！

知ったばかりなのに、知ったかぶりをすると、「古楽」とは、ベートーベン、バッハといった古典派と呼ばれる音楽、音楽家以前の音楽で、ほとんど評価されていなかったらしい。それを発掘、評価したのが指揮者ニコラウス・アーノンクールで、当時の楽器、古楽器も多数収集し、それによる演奏も行ったらしい。言わば古楽の父であるが、古楽を教えて貰って半年くらい経った頃、2016年に亡くなってしまった。

朝6時からの「古楽の楽しみ」を聴くくらいの時間に起きるようになると、その前、5時半頃からもラジオを点けてみるようになった。するとこの時間帯には、邦楽をやっていた。クラシック音楽もいいが、邦楽も又、なんとも味がある。時に女性の浪曲もあったりする。これが又、なんともいい感じ！

ところで、この邦楽の時間は午前5時50分には終わって、5時55分まで「名曲の小箱」という番組がある。短い時間だが、馴染みのある名曲を流してくれて嬉しい。この時アナウンサー（全員ではないが）が例えばこう言う。「演奏は、〇〇さんのピアノ、〇×さん指揮の××交響楽団」。これを聴いても最早、多くの人は変だなとは思わないかもしれない。私が「中村紘子さんのピアノ、ウラジミール・アシュケナージさん指揮の〇×交響楽団の演奏を聴いた時」と言えばどうだろう。まず、ほとんどの人はおかしいと思うだろう。何故、おかしいと思うかと言えば、「あなた、中村紘子、アシュケナージとそんなに親しい間柄なの」だろう。つまり、自分が特に親しいというような関係でもなければ、有名人は呼び捨てにするのが当然だからである。

呼び捨てにするのが失礼ということではない。この場合の「呼び捨て」は対象を客観的に表現しているからである。つまり、私とその対象とは客観的な関係で、主観的に何らかの関係があるそんな間柄ではないからである。言い換えれば、そんな親し気《げ》な関係のように表現するのは、その相手、対象に失礼なことにもなると私は思う。私のこのような解釈が、日本語的に正しい言い方なのかは専門家ではない自分の荷を超えるが、感覚としてけ間違っていないと思う。

先程のアナウンスの何が変だと感じたかと言えば、「馬鹿丁寧」だからである。このアナウンサーがそのピアニスト、指揮者と特に親しいのでもなければ、いや、特に親しい間柄であっても、それを番組で出してはいけない。何故なら、その時は、アナウンサーとしての仕事だからである。アナウンサーとしてリスナーに対するのであって、そういう有名人と親しい関係にある（かのような）表現は慎むべきである。リスナーはその音楽を聴くのだから。

こういう馬鹿丁寧は、近年ますますひどくなっているのではないかと思う。そもそも、この馬鹿丁寧さはいつ頃からか。私の感覚では、どうもそれは3・11（2011年3月11日）の東日本大震災、それによる東京電力福島第一原子力発電所の大事故辺りから広まったような気がする。福島原発の事故で、日々、東京電力の広報担当の部長代理が記者会見に登場していた。その時彼はご丁寧にも「……してございます」と言っていた。私は事故と共に、この「……してございます」が印象に残った。それから数年して、まだ仕事を少しはしていたので、ある研修会に行った。担当者が「昼食は……に用意してございます」と言ったのである。おう、ついにここまで来たかと驚いた。

「……させていただいております」は最早、誰も驚かないくらいに普及している。ある私鉄のターミナル駅の（改札内の）トイレの貼り紙にこうあった（記憶によるので、全文正確かどうかは分からないが）。

〈最近、トイレットペーパーをお持ち帰りになるお客様がいらっしゃいます。〉

備え付けのトイレットペーパーを無断で持ち去るのは泥棒だろう。いくら駅構内だから客の犯行に違いないとは言っても、泥棒（窃盗）にこんな馬鹿丁寧は不要ではないか。

刑法235条
他人の財物を窃取した者は、窃盗の罪とし、10年以下の懲役または50万円以下の罰金に処する。

ついでながら言うと、私は東京電力に行ったことがある。勿論、3・11の前である。JR有楽町駅と新橋駅の間、内幸町の本社・広報担当部署である。前にいた職場の仕事の関係である。その時会った人、社内ですれ違った人の雰囲気は、「おっとり、ゆったり」という言葉がぴったりであった。成る程、株式会社とは言え、電力会社のように競争相手のいない（現在は多少違うかもしれないが）企業、公益事業と呼ばれる企業というものはこういう雰囲気か、と感心した（皮肉ではない）。3・11の時の東京電力広報担当部長代理の「……してございます」と話す、その雰囲気が、以前東京電力本社を訪問した時感じた雰囲気と、まさしく同じであった。

更に言うと、東京ガスにも行ったことがある。やはり広報担当部署への、飛び込みである。当時仕事で関係していた、あるラジオ番組の共同スポンサーになりませんか、こういう番組にしたいのですが、という提案である。廊下と仕事場は区切られているが、全面ガラス張り（だったと思う）で、室内の様子が全て見えて開放的である。廊下に内線電話が置いてあって、そこから通話する仕組みである。用件を伝えると室内に入れてくれた。そして内容を話すときちんと聞いてくれた。電通や博報堂ならともかく、私のいた職場などは、九牛の一毛、けんもほろろに追い払われるのが通常であるが、若い彼女は丁寧に聞いてくれた。結果としては成案に至らなかったが、私は感謝し満足して東京ガスを出た。

東京ガスの本社はＪＲ浜松町駅から線路沿いに少し新橋方面に戻るが、駅構内から通路がつながっている。往復、感じた。東京ガス社員と思われる人達がゆっくりと歩いているのを。せかせか、がつがつとは歩いていない（東京電力同様、皮肉ではない）。

そうそう、そうだった。私は夜8時台、時には7時台に寝ることもあるので、夕食は6時には終わる。夕食後、30分程は、天気予報の確認を兼ねてニュースショー的な民放の番組を観ることが多い。最近（2018年6月）観ていると、鳥取砂丘（だったかな）に、「ブラジルの方々」の観光が増えているとか、交通事故で「運転していた方」が負傷したとか、馬鹿丁寧さを競っているようである。こういうのもあった。

「交差点で白バイに乗った警察官の方が……していらっしゃいます」

おいおい。以上、いずれも男子アナ。

2019年、つまり何かと令和初が付く5月のゴールデンウィークがやっと（自分には関係ないのだが、そういう気になってしまう）終わった頃、テレビを観ていると、ある殺人事件を取り上げていた。被害者の男性と加害者の男女が登場する。最後の殺害の場面で、電器のコードで被害者の首を絞めたのは男女どちらか、という問題である。その場の状況からすると、どちらであっても、刑法の共同正犯という関係が成立するとは思うが、直接手を下した（言わばトドメを刺した）のがどちらかによって実務的には二人の個々の量刑に差が出るか、或いは、警察の調書または検察の起訴状の記載で、どちらか明らかにしなければならないということなのかもしれない（私の推測）。

それで、容疑者二人がそれぞれ自分ではなくアイツだと言っている、ということのようである。それは理解できた。ところがそれを「どちらの方が」とアナウンサー（男子）が言ったのである。私の耳は聴き逃さなかった。有罪判決が確定するまでは無罪と推定されるという、カルロス・ゴーンの裁判で知られるようになった推定無罪という原則はあるが、「方」はないだろう。

刑法60条
二人以上共同して犯罪を実行した者は、すべて正犯とする。

推定無罪とは、近代法の大原則。フランス人権宣言（1789年）に謳われ、日本も批准している国際人権規約にも「有罪判決が確定するまでは、何人も犯罪者として取り扱われない」とある。また、日本国憲法31条もその趣旨を含むと解されている。

日本国憲法31条
何人も、法律の定める手続によらなければ、その生命若しくは自由を奪はれ、又はその他の刑罰を科せられない。

ひろうす

「ひろうす」とは、標準語で言う（?）「がんもどき」である。高校生までを過ごした大阪で、母は「ひろうす」と言っていた。平べったい円形であるから、広くて薄いので「ひろうす」と言うのかと思っていた。今回、念のためインターネットのウィキペディアで調べてみたら、「ひりゅうず」などと呼ばれることもあり、なんと語源はポルトガル語の「フィリョース」（小麦粉と卵を混ぜ合わせて油で揚げたお菓子）らしいとあった！

関東域での生活が長くなったので、「がんもどき」しか頭になくなってしまったが、生活クの「おからっこがんもコーン」のことを書こうと思ったところ、頭に「ひろうす」が去来したという訳である。「おからっこがんも」は、おからをピンポン玉くらいの大きさに丸めたがんもどきである。「コーン」と付いているのは、トウモロコシの粒が少し入っているからである。おからを使っているのと、このコーンが組み合わさっているのとで、旨い。小さなフライパンで転がしながら焼いて、少し醤油を垂らして食べてもよし、味噌汁の具にしてもよし、鍋物に入れても旨い。つまり多様な食べ方ができる。かつ、元々がおからであるから安い。

おからは言うまでもなく豆腐を作る時に出る大豆の滓《かす》である。当然、栄養価は高い。滓であるから、豆腐屋さんも処分に困るくらいで、安く売ってくれる。安価で栄養価が高いとなると、小学校1年生の2学期から高校3年生まで（1950～1960年くらい、昭和で言えば昭和25～35年くらい）を過ごした大阪の貧しい我が家では、おからは常食に近いくらい食べていた。当然、旨いなどと思ったことはない。

生活クの取り扱い品目の中におからもあるので、安価・栄養豊富という記憶から時々おからを使ってみた。握り拳くらいの量で、フライパン一杯くらいに膨らむ。

冷まして冷凍しておいて、何回かに分けて食べる。

ある時新聞に、日本料理店「つきぢ田村」の田村さんによるおからの記事が出ていた。なんと、そのおからは、豚肉と砂糖を使う！　初めておからを作った時は料理本を見て、以来、多少中身の違いはあっても、そういう風にやっていたが、豚肉と砂糖を使うなどという頭はなかった。早速やってみた。旨い！　豚肉と砂糖の甘みが旨みを生み出してくれる。いやぁ、プロはプロ。以来、豚肉と砂糖は欠かさず使用。旨い！　おからを旨いと思って食べられるようになった。

ついでに、おからと同じく、常食のように食べていたのが「コロ」である。鯨に由来するもので、安い物らしいくらいのことしか知らなかった。そこでインターネットで調べてみると、「鯨の皮を煎り脂肪を抜いて乾燥させたもの」であることが分かった。成る程、食器洗いなどに使うスポンジのような感じのものだったはずだ。鯨の皮なんだから、主たる組成は蛋白質だろう。その保存上、「脂肪を抜いて乾燥させた」のであろう。

冬になると、このコロと水菜を炊いたものがよく出た。勿論、旨いという記憶はない。大阪の、母がいた実家に初めて行った家内は、「冬でも畑に緑がある」と驚いていた。家内は生まれも育ちも会津の農村である。そんな水菜も最近は、関東域でも見掛けるようになった。食材が豊富になるのは有り難いことではあるが、地方色が失われていくようで寂しくもある。

そうそう、日本がＩＷＣ（国際捕鯨委員会）から脱退して、日本近海での商業捕鯨が再開されたというニュースがあった。その下関を母港とする捕鯨船団の母船が日新丸であった。嬉しい！　当時と同じ名！

当時と同じ名と言うのは、先に書いた通り、私の高校生くらいまでの時代は、鯨（様々な部位）を常食と言っていいくらい食べていた。つまり、捕鯨が盛んだったのである。その頃の映画館では、ニュース映画が必ず挟まっていて、時期になると南氷洋《なんぴょうよう》（今なら南極海か）に出漁する捕鯨船団のニュースがあった。その２つの船団の母船が日新丸と図南丸であった。

テレビを観る

テレビには色々思い出がある。ＮＨＫのテレビ放送が始まったのが１９５３（昭和28）年で、私が高校生の頃（１９６０年頃、昭和で言えば35年頃）にはもうかなり家庭に普及していたようだ。我が家は貧乏だったのでテレビはなかった。母親は、「テレビは勉強の妨げになる」とテレビがないことを正当化していた。高校生だから（小学生の時から分かっていたが）、家計の状況は推察がつくし、買えないのだということは分かっていた。しかし、「勉強の妨げになる」というのも一面の真実であった。なければテレビを観ることもない。

授業中、教師がテレビの番組に関係しているらしい冗談を言う。クラスの皆は笑うなりなんなり、なんらかの反応を示す。私はその内容が分からないから無反応。

素知らぬ顔をしているほかない。しかし、惨めに思った記憶はない。或いは忘れてしまったのか、それとも高校生くらいになると、それなりに自我も育ってくるからやせ我慢していたのかもしれない。

30代半ばで結婚し（１９７５年、昭和で言えば50年）、借家に住んだ。西武線の豊島園の駅から徒歩で行けるという、現在なら相当な値段がするところだった。敷地はかなり広かった。大家さんが何かの商売で（金属に関係していたような気がするが）一時期かなり財を成して、庭に別棟で建てた家だった。既にかなり老朽化していて、少し風が吹くとギシギシと揺れる。なかなかスリリングだった。

一応新婚だったので、テレビを購入した。電器屋さんが屋根にアンテナを取り付けて、「どうも」とか言って庭の方の出口から帰っていくや否や、正に as soon as 玄関のチャイムが「ピン、ポーン」。何だろうと行ってみると、「ＮＨＫです」。驚いた。街を巡回してアンテナが立つのを見張っているらしい。

この頃、記憶に残っているのはテレビドラマ「白い巨塔」である。土曜日の夜の番組だったように思う。主人公の愛人役が太地喜和子だった。圧倒的な演技力、表現力、その印象は忘れられない。次週が待ち遠しかった。

37歳でやっと息子が生まれた。赤ん坊相手でテレビを観る暇もなかったのだろうが、幼い時からテレビに馴染ませるのは良くないと思って、テレビを観るのはやめた。この息子が1歳の時に、中国地方の都市に転勤した。引っ越して暫くすると、「NHKです」とやってきた。「テレビお持ちですね」と言う。「持ってるよ。でも観てないから、アンテナはつないでないから」と言うと、「あぁそうですか」と帰っていった。1か月程して、またやってきた。「ほんとにアンテナつないでないから。上がって見てみて」と言うと、「いいえ、結構です」と帰っていった。こういう話を家内として、県庁所在地とは言え、大きな街ではないから、あること、ないこと、何かと噂されかねないからと、以降、受信料を払うことにした。しかし、テレビは観なかった。テレビは持っていても観なければ受信料を払う必要はないものだと思っていた。観なくても、受信設備を設置すればNHKと契約し受信料を払わなければならないのだ（放送法64条）と知ったのは、ずっと後だった。

息子の誕生に3年遅れて娘が生まれた。娘が生まれて2、3歳になるまでの5年程をそこで生活した。子供だから近所の家に上がり込むこともあり、テレビがあるということはもう当然知っていたと思うし、受像機そのものは家に置いてあるのだが、息子、娘の二人共テレビを観たいとは言わなかった。ある時、本州四国連絡橋がまだ工事中に四国・高松へ旅行した。フェリーで往復したのだが、二人共、船室の一番前の椅子に陣取って、初めて観たかのように口をポカンと開けてテレビを見上げていた。その光景を思い出すと、今でも可笑しくなる。

もう10年以上前になるだろうか、テレビの地上放送の電波をデジタル化（2011年、平成23年）するので、従来持っているアナログ電波対応のテレビでは観ることができない、即ち買い替えせざるを得ないという、地デジ騒ぎがあった。

その頃家にあったのは、家内の実家の親が小学生の男の子の孫二人を連れて東京ディズニーランドに遊びに来る、従って1日は我が家に泊まることになるという、正にその2日程前に突然テレビが見えなくなって急遽買ったものだった。1日くらいテレビを見なくたってと思ったのだが、我が家とは違ってテレビを見ない生活など考えられないのが一般であるという家内の主張に屈して、「何でもいいから店にあるテレビ、直ぐ持ってきて」と言って買ったものだった。買ってまだ2年程しか経っていなかった。馬鹿馬鹿しい。テレビと言ったってそれほど観ている訳ではないのだから、丁度いい、この際テレビはやめてしまおう、と私は家内に提案した。しかし、これ又、そんなことをしたら「あの家はテレビもないのよ」と言われかねないと言う家内に屈してしまった。「人の口に戸は閉てられまへん」(閉《た》てる、こういう字があったと思うが)、と言ったのは私の内心だけだった。

家内の話では、私からすれば一体何メートル離れて観るのだろうと思うくらい巨大画面のテレビを皆買うらしい。成る程、近所の電器屋へ行ってみると、大画面がズラリと並んでいる。ま、こういうのもありますがと、申し訳程度に小画面のもある。それにした。店にあった中で一番小さいものである。それでも家にあるものより余程画面は大きい。ただ利点もあった。ブラウン管のテレビとは違って薄くて場所は取らない。

電器屋さんが置いていったテレビを点けると、画面左隅に「NHKと契約して下さい」という表示が時折点滅する。2、3日してその点滅はなくなった（そんな点滅など無視しているという人も結構いるらしい）。電器屋からNHKに連絡が行くようになっているらしい。ということは、NHKと契約し受信料を払っているかどうかはごく簡単に分かるということらしい。観ても観なくてもNHK受信料を払わせるのではなく、こういう方式で観た人に受信料を払わせるようにせよ（スクランブル方式）、という主張のある所以である。私も賛成だ。NHKが挙げる公共放送の使命、公共放送ならでは、という理屈も、民放も充実している現在、色褪せている。例えば災害時。民放も全国ネット化しているから、全国網を誇るNHKと比べて遜色ない。むしろ民放の方が勝っていることも多々ある。例えば、地震。民放を観ていると、直後に（危険もあるし、無理をしないで、とは思うが）街に飛び出して緊迫した様子を伝える。一方、ＮＨＫはと言えば、いつまで経っても「地震発生直後の○○放送局のカメラから見た映像です」なんて揺れる映像を流している。やっぱり民間企業とお役所仕事くらいの差はある。ましてや、近年のように、ＮＨＫは政府公報機関だったのか、と思わせるようでは。

しかし、時には、ほほうというようなドキュメンタリー番組（ＢＳの、海外の局が制作したものが多いような気がするが、偏見か）があったりするので、ま、良心的な職員もいるのだろうな、と思わないでもない。

ところで、ＮＨＫの受信料は銀行の口座引き落としになっているので、いくら払っているのか関心がなかった。一人暮らしになって、一体いくら生活費が掛かるか一応確認しておく必要があると思って、通帳で月別の基本的な生活費を計算してみた。「食」の方は、飲み会などは別にしてほぼ生活ク（それと、もう一つの生協。8対2くらいの割合）で、一般のスーパーやコンビニでの買い物は、「あ、牛乳がない！」という時くらいだから、銀行引き落としを計上すればほぼ１００パーセントである。従って、現今、喧伝されているポイント還元にもキャッシュレスにも無縁である。もっとも、銀行引き落としなので、キャッシュレスではある。

ＮＨＫは半年に1回の引き落としで、合計年に2万4千円余、である。えっ、こんなに払ってたのか、ほとんど観ないのに！ 比較してみても意味はないけれど、生命維持の基本である水道料とほぼ同じ、ガス代は半分くらいである。スクランブルは別にしても、素朴に高すぎない？

さて、独り身になって午後6時過ぎには夕食の片付けも終わり、8時過ぎには寝てしまうという生活になった。7時から8時までの1時間がテレビ鑑賞の時間である。観るのはＢＳの古い時代劇、「鬼平犯科帳」「御家人斬九郎」「剣客商売」の3つである。これらがない時は、ＢＳではなく地上波（と言うのだろうか）を探してみる。「名医とつながる！たけしの家庭の医学」「主治医が見つかる診療所」など、それもなければ「ＹＯＵは何しに日本へ？」など、更にそれらもなければ旅番組。この旅番組、同工異曲とはこういう事態を表す言葉か、と思うくらい似たり寄ったりである。7~8時くらいまで、1時間程テレビの前に正座して観る。テレビに敬意を表している訳ではない。正座の練習である。道場（合気道五段！　エヘン）では基本的に正座であるが、そう長時間座っていることはない。しかし、やはり正座が一番安定するので、なるべく正座できるように練習しているのである。25分くらいは保つのだが、30分を超えるとつらい。なんとか1時間くらい正座できるようになりたい。

因みに、合気道は現在では今や全世界に拡がり、日本国内より海外の方が人口が多いのではないかと思うくらいである（私は正確には知らない）。外国人であっても道場内では原則正座である。勿論、堪えられなくなって足を崩したからといって叱責されるようなことはない（私の見た範囲）。

そうそう、平成の初め頃だったと思う、「平成の鬼平」と綽名《あだな》された日銀総裁がいた（と思う）。その頃は先に挙げたテレビ番組は観たことはなかったので分からなかったが、「鬼」と付くので怖い人ということだろう程度に思っていた。最近、上記のようにテレビを観るようになって、鬼平ってこれだったのかと分かった。かなり昔の番組のようで、主演が萬屋錦之介、丹波哲郎というのもある。更に中村吉右衛門の父親が鬼平というのもあった。これには現在の吉右衛門も出演しているが、ほっそりとして若々しい。

さて、この3人（いや4人）の鬼平を一通り観た。その結果、吉右衛門に限るという結論になった。主人公鬼平の人となり、人格として描かれている雰囲気に吉右衛門がぴったりだからである。何とも言えないぴったりの雰囲気を醸している。以来、中村吉右衛門の時は観る。

蛇足だが、中村吉右衛門の実物を見たことがある。昔いた職場でラジオ番組に関係し、4月から始まるその番組の最初にゲストとして登場した。録音用の放送スタジオがガラス越しに見える小部屋にいると、中村吉右衛門が入ってきた。グレーのスーツで、一見サラリーマン風といった感じで偉ぶった雰囲気は全くない。この時の印象ですっかり吉右衛門贔屓になってしまった。と言っても歌舞伎そのものは

3、4回しか観たことはないから、「贔屓」などと偉そうなことは言えない。
因みに、第2回のゲストは、小林カツ代であった。丁度私と同じ年配、つまり父親もほぼ同年代で、出身も徳島であったと記憶している。私の父親同様、彼女の父親も大阪に出て丁稚奉公を経て大いに財を成したらしい。私の父親とは違ってアジア太平洋戦争の時期を乗り切って、小林カツ代が物心ついた頃は、大阪は帝塚山《てづかやま》の豪邸に暮らし、お手伝いさんが何人もいたということだった（その頃、私は大阪湾の芦原の中で暮らしていた）。従って、「家事」などということはやったことがない。結婚する時ご主人に「私、何もでけへんの」（と、大阪弁で言ったと思う）と言った。結婚後、ご主人は「ほんまになんにもでけへんのやなぁ」と言ったとか。

結婚後、神戸に住んだのだが、ご主人の転勤で東京に引っ越し。引っ越し前に、どこかのテレビ局に「あんな料理番組の料理なんて、普通の家庭ではできない」と葉書を出した。その後、転居してしまったのだが、テレビ局では面白そうと思って、小林カツ代を探したらしい。そして、「それならあなたやってみたら」ということになって、料理研究家小林カツ代が誕生したということらしい。

小林カツ代は博学、博識でスタジオの外で聴いていて面白かった。作曲家プッチーニは大の美食家で、名を成してからは美食に明け暮れたという話が記憶に残っている。

帝塚山とは、大阪の高級住宅街である。関西の高級住宅街と言うと、芦屋が有名である。東京なら田園調布、成城といったところに当たるだろう。いささか意地悪く言えば、高級住宅街であっても新参者。芦屋は田園調布、成城並みで、帝塚山は東京で言えば、どこかなぁ、渋谷区松濤、富ヶ谷……あ、いや、駒込辺りかもしれない。駒込と言うと、ＪＲ駒込駅を思い浮かべてしまうが、その辺りではなく、文京区本郷の東大に隣接する辺りの感じである。かなり前、その辺りを歩いた。鬱蒼としたという形容が当てはまる静かなところを歩いていると、新しくはないがお屋敷といった風情の住宅が点在していた。この時の微かな記憶が帝塚山の記憶と重なる。

大阪平野は奈良との間が生駒・金剛山脈で区切られて、琵琶湖から流れてきて、サントリー或いは明智光秀で知られた京都・山崎の隙間から流れる淀川によって形成された扇状地であり、太古は上町台地（現在の大阪市の南方の中心、住吉区・天王寺区・阿倍野区辺り）が半島のようになっていて、生駒・金剛で囲まれた海であったという。従って、大阪平野には山というほどの山はないが、多少の起伏は多い。その上町台地の南の方、阪堺電気軌道という路面電車の起点・阿倍野橋から4つないし5つ目の辺りが帝塚山である。台地であるというところ、しかも中心部にごく近いということが高級住宅街成立の重要な要件であることは言うまでもない。

帝塚山から見れば私が住んでいたところなどは、遥か下流の芦原の中で、太古は海である。そういう高級住宅街に存在するのが大阪府立住吉高校である（最寄り駅は先の電車の北畠）。私は3男3女の6人兄弟の末っ子である。6人のうち一番上の姉と一番下の私の二人は、他の4人とは少々毛色が変わっていたようで、この二人を除く4人の兄・姉はいずれもこの住吉高校の出身である。と書いてきて、今頃はっと気が付いた。大阪湾の芦原の中から、高級住宅街の帝塚山にある住吉高校までどうやって通学していたのだろう。通学したのは確かだが。市バス（大阪市営のバス）があったから、それで阿倍野橋へ出て、阪堺電車（上町線）に乗り換えていたんだ、きっと。いや、或いは、正月には住吉大社まで歩いてお参りに行ってたから、そこから上町線か。

さて、高級住宅街の中にある高校であるから、私の家のような貧乏人の家の子もいただろうが、中堅・中小企業経営者など富裕層の子弟も多かったようだ。３人の姉の真ん中の姉は、この住吉高校で作家の堺屋太一（勿論、筆名）と同級生だった。その当時（１９５５年、昭和で言えば30年頃）、「もはや戦後ではない」と言われたが、我が家ではやっと白米１００パーセントのご飯になった頃である。その頃、堺屋太一は革靴で登校していた、と、この姉は言っていた。富裕層であったらしい。と書いておいたら、２０１９年2月、死去の報があった。合掌。

因みに、今言う富裕層、つまりお金持ちは、当時大阪では「ブル」と言われていた。「あそこはブルやさかい」といった具合である。ブルとは、ブルジョアの意味。今やブルジョアジー、プロレタリアートも死語か。

そうそう、忘れてはならない。「鬼平犯科帳」に鬼平の密偵おまさ役で梶芽衣子が出ている。朝日新聞に、私が楽しみに読む「人生の贈りもの」という有名人のインタビュー記事がある。連載で、人によるが10回前後のが多い。ある時、梶芽衣子が登場した。その中で、演技に悩んで、どうすれば演技力がつくか（だったと思う）をある監督に尋ねたところ、「歌舞伎を観ろ」と言われた。そこで歌舞伎を観ていたら、その中で抜きん出ていた（だったと思う）と梶芽衣子に感じられたのが中村吉右衛門だった。そこで、いつか共演したいと思っていたところ、「鬼平」の撮影が始まったという話を耳にして、なんとか自分を使ってほしいと監督に談判に及び、密偵おまさが生まれたという話だった。私の目も高いなぁ⁉

そうそう、小林カツ代の話だった。

小林カツ代はこの時の番組で、料理家として多少名が出てきた頃、さる有名財界人と対談した。その財界人が小林カツ代に「専門は何か」と聞いたそうである。そこで小林カツ代は「家庭料理です」と答えたところ、相手は軽蔑するような表情を浮かべたというのである。フランス料理とか、中華、或いは和の「高級」のものではなくて、「家庭料理」だって、という心底を感じ取って、この時小林カツ代は、よし、断固家庭料理で行くぞ、と心に決めたと言っていた。

家庭料理と言えば土井善晴を忘れてはならない。男の料理家の草分けと言うべき土井勝のご子息である。ＢＳのどこかの局の番組に「ザ・インタビュー」というのがある。さて、今晩は鬼平があるのかな、剣客商売か、或いは御家人斬九郎かと新聞の番組欄を見ていると、「ザ・インタビュー」のゲストが土井善晴というのが目に入った。よっしゃ、観てみようとなった。

フランスで数年間修業し、帰国後、「吉兆」が唯一暖簾分けした「味吉兆」で和食を修業した。よし、これからと意気込んだ矢先、父親から、経営する料理学校が思わしくないから来てくれ、と話が来た。土井勝の料理学校は「家庭料理」である。家庭料理、漬け物の盛りつけ、なんて言われても……と悶々とした日々を送っていたある日、京都の河井寛次郎記念館へ行った。河井寛次郎とは言うまでもなく、柳宗悦、濱田庄司らと共に民芸運動を提唱した陶芸家である。柳宗悦が著書で繰り返し、繰り返し強調しているのは、日常何気なく用いる普段使いの焼き物、「雑器」の美である。焼き物に限らず、日常用いるもの、作り手も使う者も「芸術品」などと思わず何気なく接しているもの、それらに「美」を感じ、これを何と呼ぶといいのだろうか、民衆的工芸はどうだ、となって民芸という言葉が生まれたということだ。土井善晴は、河井寛次郎記念館で「はっ」とした（だった、と思う）ということであった。このことがなければ、料理家土井善晴は生まれなかったかもしれない。

阪堺電気軌道が出たついでに。大阪を中心とした関西は私鉄が発達している。梅田・大阪、阿倍野橋・天王寺と聞いて、別段違和感なく、「ああ駅やなぁ」と思う人は関西人或いは長く関西に馴染んだ人である。梅田は阪急・阪神のターミナル駅。阿倍野橋は近鉄南大阪線のターミナル駅である。大阪・天王寺はＪＲ、その前は国鉄、更にその前は省線（鉄道省の線）の駅であり、私鉄の駅と同じ場所、或いは道路一つ隔てた程度の距離にある駅である。同じ場所にあるのに、何故、名称が違うのかと、大阪人の私はそんな疑問を持つことなく今日まで来た（関西人は皆そうだろう）。ところが、２０１９年７月末、梅田駅は大阪梅田駅に、阪急の河原町駅は京都河原町駅に変更するという記事があった。外国人観光客が増え、分かりにくいという声が多くなったということである。「へぇー」と思ったが、阿倍野橋が変わらなかったのは幸いだ。

これも言っておきたい。近鉄バノファローズ、南海ホークス、阪急ブレーブス、阪神タイガース、いずれも私鉄が持っていた（る）球団である。残念ながら現在は阪神タイガースだけになってしまった。だからという訳でもないが、プロ野球には興味がなくなった。当時、近鉄はラグビーチームも持っていた。社会人の強豪で、名ウィングと謳われた坂田選手の名は今でも覚えている。最近、何かの記事で「坂田」の名が出ていて、おう、健在！　と嬉しくなった。

更についでに言えば、近鉄は当初、「バファローズ」ではなく「パールズ」という優しい名前だった。近鉄線は伊勢志摩、御木本幸吉・真珠の故郷まで延びているからである。優しい名前のせいでもあるまいが、毎年、最下位争いをしていた。バファローズに変えてから（？）強くなった。１９８９（平成元）年秋、２週間程アメリカ出張になって、行く前、日本シリーズで近鉄が３勝していた。７戦だから、もう近鉄優勝だろうなと思って、帰ってみると４連敗していた！

関係ない話。この時は数人で行ったのだが、私は海外などというのは初めて。日航機でと言う人もいたのだが、折角アメリカへ行くのだからと、私が強硬に主張してＵＡ（United Airlines）にした。出発前、１か月程の間に、「ＵＡ機、エンジン１基で飛来」と新聞記事が２回も出た。流石に少々心配になった。因みに、当時のエンジン４基のジャンボ機は、エンジン１基でも２時間は飛べるように設計されているということであった。今はどうなんだろう。

キャベツ

居酒屋に行くと、キャベツをざっくりと切ったものがある。キャベツはそれを連想させる名の胃腸薬があることでも分かるように、絞り汁から潰瘍を修復する作用がある物質を発見した人がノーベル賞を受賞した。潰瘍は英語でulcerなので、ビタミンUと名付けられた。ということを知ってキャベツも、人参、カボチャ同様、冷蔵庫に常備しておくようにした。人間ドックで胃に炎症があると指摘されたからである。

キャベツは大きく、ちぎったように適宜に切る。勿論、芯の部分も半分くらいの細さに切って食べる。食べ方は、主にそのまま、生でバルサミコ（イタリアの？どろっとした酢）を掛けて食べるか、キャベツを下敷きに重茂《おもえ》（岩手県宮古市の漁協）のワカメ（前著『70代からの男の一人暮らし』）を盛り、トマトを載せ、ポン酢（タイヘイ）、時にはゆず酢（ゆず果汁）（山口市、日本果実工業株式会社）にオリーブオイル、塩、砂糖（塩、砂糖は沖縄の「青い海」）、醤油（タイヘイ）でドレッシング（？）風のもので食べる。

最近（２０１９年頃）は更に進化した。キャベツは同じようにするが、胡瓜とパプリカ、それに重茂の茎ワカメを合わせる。茎ワカメは別に水に浸けて塩抜きし、キャベツ、胡瓜、パプリカは塩を振って少ししんなりさせる。それを主体に茎ワカメを上に適宜振り置く。少し塩気があるのでそのままでもいいが、最近発売された塩ぽん酢（タイヘイ）を少し振り掛け、或いは更に、ゆず酢（ゆず果汁）を加えてもいい。赤、黄のパプリカが色鮮やかにしてくれるし、甘みもある。茎ワカメのシャキシャキした食感も嬉しい。稽古や走った後の、肉系の物と共に食べる定番になった。パプリカに代わって、夏はトマトである。そうそう我が家には文字通り猫の額ほどの、庭と呼ぶに恥ずかしいほどの空間がある。モッコウ薔薇、椿、蝋梅が植わっている程度である。花はマメでないと、いつの間にか雑草に埋もれてしまう。そこでほぼ花木だけになった。チューリップなどがあったところ、一畳にもならない程度の場所をスコップで耕して、スーパーで売っていた胡瓜、トマト、茄子の苗各3本を5月頃に植えた。ところが真ん中の列のトマトがどんどん大きくなって、胡瓜と茄子を圧倒。ついにトマトがジャングルのようになった。倒れないように、南天の木の棒などでつっかい棒をしたが、トマトの枝（と言うのが正しいのだろうか）同士が絡み合っている状態。

初めて作ったからだろうか、トマトはほぼ真ん丸で直径5センチくらいのが、次から次へと50個くらいはなった。赤く熟れた頃を見計らって穫るから、実に旨かった。

旨かったと言えば、最近（2019年10月）の成功例もある。生活クの注文カタログの頁の隅に、素材を使った料理例が載っていることがある。せいぜい10センチ平方程度のスペースであるから、それほど複雑な料理例ではない。ある時、豚バラ肉を使ったポトフというのが載っていた。ポトフというのは食べたこともあるし、簡単である。よし、これにしようと思って、豚バラ肉のブロックを注文した。来ました来ましたお肉が。小さなノートパソコンくらい、厚さ3センチ、縦横15×20センチくらいで少々大きい。材料は肉以外、キャベツ、玉葱、人参とある。キャベツと書いてはあるが、丁度白菜も来たので、下部の白い部分を使えばいいのではないか、と解釈して（自分で食べるだけだから自由である）、少し大きくて深めの鍋に白菜をまず敷き並べ、玉葱、人参を適宜大きめに切って投入。残しておいても仕方ないし、とお肉も大きめに切って、一番上にぎっしりと並べた。味付けは、コンソメ顆粒と塩となっていたので、生活クの洋風だし1袋（8×9センチの袋、8グラム）と塩。つゆもスープとして吸ってしまうつもりで白胡椒を多めに加えて煮た。

肉は最上部で煮汁には完全には浸かっていないので、時々ひっくり返して、昼頃、一旦火を止め、夕方、食べる前にもう一度、火を入れた。旨かった！　実に旨かった。やはり、「旨かったなぁ」と幸せな気分で床に就きたい。なかなかこうは行かないんだけど。
洋風だしの袋には次のように書かれていた。

販　売　者　アサヒグループ食品（株）（東京都墨田区）
名　　　称　洋風粉末調味料
原材料名　ブイヨン（牛骨、たまねぎ、にんじん、その他）
（牛肉・鶏肉を含む）デキストリン、食塩、酵母エキスパウダー

1升瓶！　ワイン!!

昭和の終わり頃（1980年代）、私は中国地方のある都市で勤務していた。地元百貨店に全国各地のワインが並んでいた。動機は忘れたのだが、そこにある国産ワインを順次飲んだ。次に、ドイツワイン、ライン系の少し甘い「マドンナ」というワインに手が伸びて、更に酸味のあるモーゼル系のワイン「カッツ」が気に入った。値段的には、国産ワインもドイツワインも左程変わらなかったように思う。ここで、言わばワイン開眼となって、昭和の終わり、バブルの時代（1980年代末）に東京へ転勤となった。都内で飲み会があったりすると、ワイン開眼とは言っても懐具合もあるし、「通」ぶるほどでもないから、南アフリカやチリのワインが比較的安かったので、店にそれがあれば、専らそれらであった。

生活クでも、国産ワインもあれば、数は少ないが輸入のワインもある。ほぼ常勤で仕事をしていた頃は、土曜日に缶ビール1本、ワイン1瓶という感じだった。

常勤的な仕事がなくなり、手伝い程度の仕事、更に後期高齢者になって、いくら何でももうよかろうかと、それもやめた。すると、土日と連続して合気道の稽古をした後（土曜日は日曜日の稽古があるので控える）に飲む、ということになった。

暫くすると、関係している道場の道場主が、木曜日の午前に某市の体育館でシニア・女性コースを開設したので来てくれということになって、こちらは、何故か月2回しか会場が取れない（抽選による。しかし、ハズレた週でも空いているらしい？）ので、月2回行っている。この稽古がない他の木曜日は、できるだけ走る（10キロメートル弱）ようにしている。となると、木曜日も飲む、ということになる（自分がしているのだが）。

午後1時頃から準備をして、ほろ酔い気分で雨戸を閉めに行くのも面倒なので、4時には2階の雨戸を閉め切って、なんとまだ日の明るいうちから飲み出す。なんと贅沢なことよ。ま、しかし、夜な夜な高級ホテルのバーに現れて、葉巻をくゆらせながら……という人もおいでになるようだから、それに比べれば、ささやか、ささやか、などと自分自身に言い訳をしながら、まずビール、次いで、ワイン。

ワインは1本1000円程度のものである。フランス、イタリア産などが本場ということになるが、ワイン通でもなく天の邪鬼の私は主としてそれ以外。スペイン、ポルトガル、チリ、それにオーストラリア産が多い。南アフリカは近頃余り見掛けないような気がする。アメリカ産も最近は良さそうだが、トランプ大統領の顔がちらつくので避ける。

当然と言えば当然だが、それぞれの国のワインにはそれぞれの国の味わいがする（気のせいか）。スペインはスペインの香り、ポルトガルはポルトガルの味わいである。生活クの国産ワインも頼んでみた。確かに、日本のワインも良くなっていると言われている通り、遜色ないような気がする。株式会社アルプス（長野県塩尻市）の「契約農場の有機ワイン」というのを頼んでみた。契約農場というのは、アメリカの契約農家である。おおっ、いける！　馥郁《ふくいく》という言葉があるが、そんな感じである。暫くすると、「葡萄棚」というワインがあった。これが、な、なんと1升瓶（1・8リットル）！

昔、いや大昔、私が小中学生の頃（1950〜1960年頃）は、家庭には普通に1升瓶があった。酒、醤油など1升瓶であった。小学校低学年の頃、父親が1升瓶を傾けて飲んでいる「やけざけ」というものが不思議だった。密かに口にしてみたら、ぺっ、とても飲めたものではなかった。「やけざけ」ではなく「しょうちゅう」というものだと知ったのは、中学生になってからだっただろうか。

現今、酒でも醤油でも家庭にあるのは4合瓶である。1升瓶なども う忘れていた。来た来た来た！　1升瓶のワインが。いやぁ、なんという重量感、感激!!

「信州1・8リットル　たっぷりボトル」とある。ほんと、「たっぷり」。

……葡萄棚は、自社農園「アルプスファーム」と地元契約農家の手によって丹念に栽培された完熟葡萄を使用し、醸造しました。

とある。辛口―甘口の5段階の区分の真ん中、3が〇で囲まれている。飲んでみた。結構、結構。私には十分。

これで思い出した。私が高校生の頃（1960年代）、大和川を挟んで大阪市に隣接する市に住んでいたのだが、夏になると、50代の母親よりは相当年長の小柄なお婆さんが、1升瓶を風呂敷！に包んだのを抱えてやってきた。いわゆるお中元だ。そのお婆さんとの関係は、アジア太平洋戦争の前、我が家がまだ多少は余裕のある暮らし向きの頃に住んでいた大阪市内での地縁らしかった。1升瓶の中身は「葡萄酒」である。当時は「ワイン」と付くのは赤玉ポートワインくらいだった。

信じられないかもしれないが、当時、大阪府は全国1、2を争う葡萄の産地だった。阿倍野橋から南東の方向へ走る近鉄南大阪線で藤井寺を出て丘陵が目に入ると葡萄棚が珍しくなかった。品種の多くは生食用のデラウェアであったが、そんな産地であるから、葡萄酒メーカーもあった、記憶にあるのでは、蜂葡萄酒。蝶矢も、今は梅酒で売っているが、当時は葡萄酒であった。思い出せないのだが、「犬」が付く名のメーカーもあったような気がする。少し前、耕作放棄されているそういう葡萄畑を整備して葡萄を育て、ワインを造るという人を紹介するテレビ番組があった。健闘を祈る。

われら愛す

私が小学校高学年から中学生の頃、母親が時々呟くように「……我ら……愛す……」などと口ずさんでいた。調子っぱずれのそれ（自分は知らなくても、相当はずれているな、という感じ）は、母が知ってるくらいなんだから、かなり流行した昔の歌なんだろうな、と思っていた。

以来数十年、そんな歌のことはすっかり忘れていた。ところが、なんと数年前、朝日新聞の「声」欄にこの歌のことを投稿した人がいた！　それで、やっと「われら愛す」を知った。

この歌は、１９５３（昭和28）年、壽屋《ことぶき》（現サントリー）社長の佐治敬三が中心となって呼び掛け公募し、寄せられた5万余の中から選ばれたものだという事である。

敗戦後、1947（昭和22）年に日本国憲法が施行、1952（昭和27）年には、いわゆる講和条約が結ばれ、日本はアメリカを中心とする連合国の占領を解かれて、独立を回復した（沖縄を除く）。この曲の背景には、新しい日本、平和国家日本という時代の熱気が感じられる。そういう時代背景から、フランスのラ・マルセイエーズのような国民歌として構想され、国歌となることも期待されたようである。

今やインターネットの時代なので、有り難いことに、当時のレコード音で曲を聴くことができる。実際聴いてみると、母が歌っていたより遥かに勇壮で、確かに、ラ・マルセイエーズを連想させる。それにしても、当時は気概ある経営者がいたんだなぁ。1番だけ、歌詞を。

われら愛す
胸せまる　あつきおもひに
この国を
われら愛す
しらぬ火　筑紫のうみべ
みすずかる信濃のやまべ
われら愛す
涙あふれて
この国の空の青さよ
この国の水の青さよ

佐治敬三は壽屋創業者鳥井信治郎の息子である。縁戚関係の養子となったので、鳥井姓ではなくなった。壽屋の代表取締役に就任後、社名を壽屋からサントリーに変えた。鳥井の息子（SON《サン》）で、しかも3人だったと昔どこかで読んだ気がする。

著者プロフィール

トンチン・カーン

1943年、大阪市生まれ
金融機関等に勤務
合気道五段

著書
『70代からの男の一人暮らし』（2018年、文芸社）
『小説　平成中学の25年』（2018年、文芸社）

やってみなはれ　やりなはれ　できまっせ
続・70代からの男の一人暮らし

2020年7月15日　初版第1刷発行

著　者　トンチン・カーン
発行者　瓜谷 綱延
発行所　株式会社文芸社
〒160-0022　東京都新宿区新宿1－10－1
電話　03-5369-3060（代表）
03-5369-2299（販売）

印刷所　株式会社フクイン

ISBN978-4-286-21757-4　JASRAC 出 2001648 − 001